예비유아교사를 위한

유아교육기관 현장실습의 이론과 실제

PRACTICE IN EARLY CHILDHOOD EDUCATION

예비유아교사를 위한

유아교육기관 현장실습의 이론과 실제

김수향 · 손지향 · 안지영 · 오선영 · 유은숙 · 이은진 공저

동문사

머리말

최근 유아교사에게 유아교육에 관한 전문적 자질 함양을 요구하고 있다. 이를 위해 자신이 속한 다양한 유아교육기관 현장에 적합하게 적용할 수 있는 실천적 지식이 강조되고 있다. 이러한 관점에서 예비유아교사를 양성하는 대학에서도 예비유아교사들의 실천적 지식을 함양시키는 방법으로 유아교육기관 현장실습의 중요성을 인식하고 유아교육기관 현장실습을 효율적으로 운영하고자 하는 다각적인 노력이 필요하다.

이와 관련하여 대학–현장 간의 긴밀한 연계를 통한 상호협력이 중요하며 이러한 과정에서 실습을 담당하는 각 구성원들이 어떤 역할을 수행해야 하는지에 대한 구체적인 방향이 제시가 이루어져야 할 것이다. 따라서 유아교육기관 현장실습은 예비유아교사들이 대학에서 배운 유아교육에 관한 여러 가지 이론적 지식과 교수기술에 관한 자신의 지식과 기술을 현장에 적용해 보고 반성해 보는 시간을 통하여 유아교사로 성장할 수 있는 중요한 시간이 되어야 할 것이다. 이러한 점에서 유아교육기관 현장실습은 예비유아교사들이 유아교육기관 현장실습을 통하여 교수기술, 유아와의 상호작용, 유아교육기관의 업무, 교사의 역할 등에 관한 전문적인 기술을 습득할 수 있도록 체계적으로 이루어져야 할 것이다. 또한 최근 교육과정의 개정으로 예비유아교사들에게 학교현장실습은 2019 개정 누리과정에서 강조하는 '놀이중심교육과정'에 대한 교육현장이해의 기초가 되어야 할 것이다.

위와 같은 학교현장실습의 목적을 실현하기 저자들은 실습의 준비 단계에서부터 실습의 마무리 단계에까지 현장실습에서 실천해야 할 구체적인 방향을 제시하고자 다음과 같이 내용을 구성하였다.

1장에서는 먼저 이론적 근거로 실습의 개념 및 목적, 실습의 교육적 의의, 실습의 중요성과 효과 등에 대하여 소개하였다, 특히 실습 대상을 유아뿐만 아니라 영아를 포함하여 실습의 중요성과 효과를 설명하였다. 2장에서는 첫째, 사전실습, 정규실습, 사후실습 등 예비유아교사로서 의무적으로 해야 할 실습의 유형에 대하여 알아보고, 실습을 통하여 현장에서 학습하게 되는 과정에 대하여 이해한다. 두 번째로는 실습을 준비하는 과정과 실습에 필요한 서류들을 살펴보고, 실습생으로서의 마음가짐과 바른 태도에 대하여 인지할 수 있는 내용으로 구성되었다. 3장은 실습 프로그램의 구성과 운영으로 교사양성기관에서의 효율적인 실습 프로그램 운영 방향, 실습 프로그램의 구성, 실습지도 담당자의 역할과 자세 및 실습 프로그램 실제 운영 과정에 대하여 다루었다. 보다 구체적으로 학교현장실습과 보육실습을 구분하여 내용을 제시하였다. 4장에서는 실습생이 실습기간 동안 원만한 실습수행을 위해서 갖추어야 하는 관계 형성을 위한 자세, 실습지도교사와의 관계 형성, 유아와의 관계 형성 및 기타 실습 관계자와의 관계 형성에 대해 중요 내용으로 다루었다. 먼저 관계 형성을 위한 실습생의 자세에서는 실습생으로서 갖추어야 할 자세, 사전 준비 및 교직 윤리 이해, 실습생 근무지침 및 준수사항, 실습생의 자기관리에 대한 내용을 다루었다. 유아와의 관계 형성에서는 유아에 대한 준수사항, 실습생과 유아와의 관계 형성, 아동학대예방을 위한 실습생의 이해, 성인지 감수성에 대해 다루었다. 기타 실습 관계자와의 관계 형성에서는 교직원과의 관계 형성, 동료 실습생과의 관계 형성, 학부모와의 관계 형성에 대해 다루었다. 5장에서는 효과적인 실습 실행을 위하여 예비유아교사가 실습기간동안 경험해야 할 실제 내용들을 일과활동별로 소개하였다. 또한 실제 유아들을 지도하는 과정에서 교수-학습활동을 어떻게 구성해야 하는지에 대해 안내하였다. 그리고 실습과정별 실제에서는 놀이관찰 방법 및 교육적 의미찾기, 놀이지원계획을 주요 내용으로 다루었다. 구체적 내용은 일과관찰, 실내·외 자유놀이 관찰, 대소집단 모임활동 관찰, 유아놀이관찰에서 실제 교육적 의미찾기와 놀이지원방법을 주요 내용으로 다루었고, 예비유아교사들이 자신의 놀이 관찰에 대한 자가진단을 할 수 있는 루브릭을 제시하였다. 그리고 개정 누리과정에 근거하여 놀이지원을 어떻게 계획하고 실행해야 하는지를 안내하였다. 부록에서는 '2019 개정 누리과정'에서 강조하는 교육일지 양식에 기초하여 학교현장실습 일지 양식을 제시하였다. 실습일지의 주요 내용은 학교현장실습의 목적과 내용, 실습일지 작성방법, 실습일지 처리사항, 주간교육일지, 일일교육일지, 놀이관찰 작성 모델, 유아작품 평가지, 반성적 저널쓰기, 실습생 자기평가표, 실습소감 형식으로 구성하였다. 각 기관마다 융통성 있게 실습일지를 재구성하여 사용하여 예비유아교사가 실습일지 작성을 통해 유아교사가 되었을 때 교육일지 작성의 기초가 되길 기대한다.

따라서 본고를 통해 학교현장실습에서 대학과 유아교육기관이 상호 긴밀한 협조체제로 예비유아교사와 유아교육기관 현장이 질적으로 상호 성장할 수 있는 토대가 되길 기대한다.

2022년 3월

저자 일동

차 례

3장 실습 프로그램의 구성과 운영

4장 실습생의 관계 형성

부록 학교현장실습일지

1장

실습의 개념 및 교육적 의의

유아교사는 관련 자격증을 갖고 취학 전 유아를 대상으로 유치원이나 어린이집의 교육·보육기관에서 유아들의 성장과 발달 및 교육을 위하여 체계적인 노력을 기울이는 사람이다. 또한 자격을 갖추어 유아교육기관에서 가르치는 직업을 가진 사람으로서 이러한 형식적인 조건과 더불어 인성과 품성 등도 갖추어야 한다(염지숙, 이명순, 조형숙, 김현주, 2015). 따라서 유아교사양성대학에서 예비유아교사는 교육적 기초와 교수적 지식을 바탕으로 유아교육현장에 필요한 능력과 자질을 갖추어 나가야 한다. 이를 위하여 유아의 발달을 도와줄 수 있도록 교육과정을 구성하고 적절한 교수방법과 교육자료를 선택하며 효율적인 교육환경을 준비할 수 있는 이론적 지식뿐 아니라 현장에 관한 실제적 지식이나 기술 및 태도를 익힐 수 있는 기회가 필요하다.

특히 실습은 유아교사사회화 과정 중 필수적인 요소로 유아교육현장의 역동적인 특징을 이해하고 상황에 맞는 적절한 방안을 이끌어낼 수 있는 창조적인 전문가가 되도록 훈련하는 과정이다. 이에 본 장에서는 이론적 근거로 실습의 개념 및 목적, 실습의 의의, 실습의 중요성과 효과에 대하여 살펴보고자 한다.

1 실습의 개념 및 목적

실습은 일정 기간 교육이 이루어지고 있는 실제 현장에서 교수, 지도, 관리 등의 일련의 유아교사로서의 경험을 해보는 교육활동이며 유아교사자격 규준이 되는 필수과목이다. 즉, 실습이란 유아교사양성교육과정의 중요한 요소로서 예비유아교사가 유아교사로서 갖추어야 할 지식, 기술, 태도 등을 실제 교육현장에서 직접적, 간접적으로 경험해 보는 과정이다(배소연, 윤기영, 조부경, 1995). 이러한 과정은 단순한 기술 훈련이 아닌, 교육 전반의 실제 현장을 관찰하는 것에서부터 현장에 직접 참여하여 유아를 가르치는 데 필요한 것을 계획하고 준비하고 수행하는 것까지 유아교사로서의 직무수행과 관련하여 현장과 연결된 모든 종류의 경험을 포함하는 포괄적인 의미를 갖는다. 즉, 실습은 유아교사의 자질을 현장에서 계속해서 연마하는 일련의 과정인 것이다.

다시 말해, 실습은 대학에서 배운 교양, 교직, 교과 등에 관련된 지식을 통합하여 교육현장에서 직접 적용해 보는 과정으로, 교직을 희망하는 학생이 대학의 실습지도교수와 실습기관 실습지도교사의 지도를 받으며 교육현장에서 유아교사로서 자질을 갖추기 위해 실제 경험을 쌓는 유아교사로의 준비과정이고 입문과정이라고 할 수 있다. 실습을 통해 예비유아교사는 정말 유아교사처럼 생각하고 행동해 볼 수 있는 기회를 가지며, 가르친다는 것에 대해 적극적으로 생각해 보게 된다. 알고 있었던 교육이론이 결코 실천과 별도로 분리될 수 없으며, 이상적인 교육이론에 현실적인 교육내용이 결합되어야 비로소 가치 있는 교육이 이루어짐을 깨닫는 첫 순간이 실습인 것이다(박수경, 2010).

더욱이 교수능력은 단순한 기술형성으로 이루어지는 것이 아니라, 교수에 대한 반성적 사고 과정에 의한 창조적 과정으로 형성되기 때문에 실습은 예비유아교사가 대학에서 배운 이론을 바탕으로 자신에 맞는 교수방법을 개발하도록 격려하고 적절한 피드백을 제공하여 준다.

또한 실습의 목적은 유아교사로서의 철학 및 교직관 형성, 유아교사로서의 정체성 및 자긍심 형성, 실천적인 전문적 지식 및 기술 습득, 유아교사직에 대한 적성 파악 등으로 요약할 수 있다. 이러한 실습의 목적을 구체적으로 제시하면 다음과 같다(박은혜, 조운주, 2015).

- 유아교사로서의 철학 및 교직관 형성
  - 유아교육철학 발전시키기
  - 유아교사로서의 교직관 발전시키기
- 유아교사로서의 정체성 및 자긍심 형성
  - 유아교사직의 특성 이해하기
  - 유아교사의 역할과 책임 이해하기
  - 유아교사로서의 신뢰감 발전시키기
- 실천적인 전문적 지식 및 기술 습득
  - 유아교육 목표 인식하기
  - 수업계획 및 교수방법 배우기
  - 교수자료 경험하기
  - 유아에 대한 이해 심화하기
  - 유아의 성장과 발전 촉진하기

- 유아의 행동 지도하기
- 학급환경 구성 이해하기
- 유아교육기관의 일과 알기
- 효율적으로 평가하기
- 유아교육기관의 행정 및 사무 업무 알기
- 유아, 교직원, 부모들과 관계 형성하기
- 의사소통 기술 배우기
- 창의적인 문제해결 기술 발달시키기

• 유아교사직에 대한 적성 파악
- 유아교육에 대한 의욕 증진시키기
- 유아교사로서의 자신의 장·단점 파악하기
- 자신을 알고 수용하기

보육실습 또한 유아교사로서 전문적 성장을 이루는 데 목적이 있다. 구체적으로 보육실습의 목표를 정리하면 다음과 같다(한국보육진흥원, 2013).

• 보육의 철학과 목적 및 목표에 대한 생각을 발전시킨다.
• 실제 경험을 토대로 영유아에 대한 심화된 이해를 한다.
• 연령과 발달 수준에 적합한 구체적인 보육내용, 놀이중심의 상호작용, 영유아의 흥미를 고려한 효과적인 교수법 등을 관찰하고 직접 수행해 본다.
• 실습기관 실내·외의 환경구성 및 자료의 적절한 활용을 경험한다.
• 보육교사의 전문적 역할과 책임, 태도를 직접 경험한다.
• 보육실습생 스스로 보육교사로서의 자질을 파악하고, 전문성을 향상시키기 위한 노력을 하며, 향후 진로를 탐색한다.
• 보육실습기관과 지역사회, 부모 간 연계를 경험하고, 어린이집 내 조직문화 등을 이해한다.

몇몇 대학에서는 다음 **표 1-1**과 같이 실습의 목적을 설정하고 있다(조운주, 손미령, 2005).

표 1-1 유아교사양성을 위한 대학별 실습 목적

대학	실습의 목적
한국의 C대학	• 이론과 실제 연결 • 교육내용 및 유아 이해 • 교육관 정립 • 직업적 소양과 전문적 기술 익힘 • 유아교사 자질 검증 • 현장교육의 실제를 배움
한국의 K대학	• 이론 및 기능의 적용 • 관찰 및 수업실행 • 자질과 품성 함양 • 교직에 대한 자신감과 긍지 갖기
한국의 B대학	• 교직관 및 교직 이해력 • 지식과 기술 습득 • 수업계획과 수업기술 함양 • 학습지도, 생활지도, 학급경영능력 신장 • 학교경영 및 조직의 일원으로 역할
미국의 G대학	• 학교와 지역사회의 관계에 대한 견해 발전 • 교수 및 학습과 관련 교육원리 발전 • 교수 기술 발전 • 학급관찰 • 수업계획/내용선택 • 학생평가
미국의 M대학	• 교수의 구성과 계획 • 환경구성과 유지 • 교수실행 • 학습결과의 평가와 의사소통 • 교수, 학습의 반성과 평가 • 동료, 부모 등과의 협력 • 전문적 유아교사 발달 • 가족 지원 • 테크놀로지 실행

우리나라의 경우, 실습 목적이 철학 및 성향에 대한 것을 포함하여 기술과 지식만을 강조하지 않는다는 점에서 긍정적이나 국가차원에서의 유아교사양성 목적 및 기준이 마련되지 않아 목적들 간에 중복되거나 분명하지 못한 문제점이 있다. 따라서 정부 차원에서 유아교사양성 목적이 마련되고, 대학은 이를 반영한 체계적이고 구체적인 실습 목적을 설정하여 실습의 효율성을 높이고, 실습이 유아교사로서 전문성의 기초를 쌓을 수 있는 과정이 될 수 있도록 해야 한다(조운주, 손미령, 2005).

이외에 마차도와 마이어(Machado & Meyer, 1984)는 좀 더 구체적인 목표를 다음과 같이 제시하고, 어떤 구체적 목표에 우선순위를 둘 것인지는 실습이 이루어지는 맥락적 상황에 따라 선정될 수 있다고 하였다(임영서, 2014; 재인용).

- 유아의 특성을 알기
- 친화감을 형성하기
- 유아의 욕구를 식별하기

- 일일 지도목표를 식별하기
- 개별지도 양식을 습득하기
- 유아에게 활동의 기회를 제공하기
- 이론과 체험을 현재의 상황에 적용하기
- 유아들이 성장할 수 있는 재미있는 교실 환경을 준비하기
- 유아교사의 역할과 책임을 배우기
- 일과와 일상적 업무를 배우기
- 자신감을 발달시키기
- 결과를 평가하기
- 개인적 성장과 전문직 성장하기
- 좋은 의사소통 기술을 습득하기
- 실험하고 도전하기
- 창의적 문제해결 기술을 사용하기
- 유아행동을 적절하게 지도하기
- 업무협력 관계를 형성하고 유지하기
- 유아교육에 대한 개인적 철학을 발달시키기

2 실습의 교육적 의의

실습은 유아교사양성교육과정의 일환으로 통합과정이며 연계과정이고 교육자로서의 첫출발이다. 또한 실습은 교육자적 자세를 습득하는 교직적 경험과정이고 실험적 연구과정이며 실제적 유아교사직에 대한 직업적 기술습득 과정이다. 이렇듯 실습은 실습생의 자기이해 및 자기평가의 과정으로서 교직에 매력을 느끼게 하는 유인체제의 역할을 하는가 하면, 그 반대로 교직에 대한 환멸을 느끼게 할 수 있다(윤기영, 1983). 따라서 실습은 유아교사로서의 적성을 검증해 보고 능력을 평가해 봄으로써 향후 진로의 결정에 도움을 줄 수 있다. 자기 자신을 더 잘 이해하게 되고 내면적 성찰을 통한 자기개발 또한 이루어지므로, 실습은 실습생의 성장과 발전에 지대

한 영향을 끼친다.

더욱이 실습은 예비유아교사에게 학생에서 유아교사로 변화할 수 있도록 하고 유아교사로서의 역할을 보다 잘 인식하고 수행하게 한다. 즉, 예비유아교사는 유아교사로서의 역할과 직무를 수행해 봄으로써 유아교사의 입장에서 교육전반에 걸친 내용과 문제점을 파악하고 피교육자로서의 유아를 이해하게 되는 한 명의 유아교사가 되는 것이다(윤기영, 배소연, 조부경, 1997).

이에 실습의 의의를 정리해 보면 다음과 같다(임승렬, 1995; 정현숙, 2017).

- 대학의 강의시간이나 책을 통하여 배운 지식이나 기술들을 실제에 적용해 보는 기회를 갖게 한다.
- 유아교사에게 필요한 새로운 교수원리나 교수방법, 또는 유아교사로서 갖추어야 할 태도, 대인관계의 기술 등을 직접 경험함으로써 배울 수 있는 기회를 제공한다. 대인관계 기술은 유아의 능동적인 특성을 이해하고 존중하는 유아중심의 대인관계 기술뿐만 아니라 수직적이면서도 수평적 특성이 있는 여러 인간관계를 통하여 건전한 직장의 인간관계를 이해하는 것이다.
- 자신의 적성이 과연 유아교사로서 적합한지를 시험해 볼 수 있다. 즉, 유아교사로서 자신의 능력과 자질을 평가해 보는 기회를 갖게 되는 것이다.
- 행정적, 사무적 측면의 유아교사의 역할을 경험해 볼 수 있다.
- 유아교육기관 원장, 유아교사, 부모 등의 다양한 관점과 요구 등을 관찰하고, 지역사회에서 유아교육기관의 역할과 기능에 대해 생각해 보는 기회를 갖는다.
- 유아에게 영향을 미치는 좀 더 넓은 관점인 사회현상, 정책, 부모교육 등과 유아에 대한 심도 있는 연구 결과들에 관심을 가질 수 있다.
- 이 모든 것을 바탕으로 하여 예비유아교사의 전문가적인 신념을 형성, 변화, 발전시키게 된다.

즉, 대학교육의 전 과정에서 유아교사를 양성하는 교육이 이루어지고 있지만, 교육현장에 직접 참여해 보는 실습이야말로 예비유아교사의 교직에 대한 인식과 태도 형성 및 유아교사로서 필요한 지식을 획득할 수 있는 기회가 되는 것이다.

또한 박은혜(2015)는 실습의 의의를 다음과 같이 정리하였다.

- **실천적 지식의 기초 제공** : 가르치는 일은 교실이라는 현장에서 유아교사와 유아

의 상호작용에 의해 이루어지므로, 실천적 지식은 강의나 교과서 등을 통하여 얻은 지식만으로 형성할 수 없으며 반드시 현장의 경험이 필요하다. 숀(Schon, 1983)이 '실천가들은 행위 과정 안에 반성하고 행위에 관해 반성한다'고 한 것처럼 실천적 지식은 대부분 실천의 과정 중에 행함에 대한 자기성찰의 과정에서만 얻어질 수 있다. 따라서 실제 현장에서 직접 유아를 가르치게 되는 실습은 예비유아교사에게 실천적 지식을 형성하고 시험해 보는 기회를 제공해 준다.

실천적 지식이란 유아교사가 문제 상황에 직면했을 때 이를 해결하기 위하여 강의나 책을 통해서 이미 배운 이론이나 지식, 또는 다른 사람에게서 배운 교수기술이나 방법 등을 그대로 적용하는 것이 아니라 적절한 방안으로 재구성하는 것이다. 즉, 문제에 관계된 유아와 상황을 바르게 이해하고 유아교사 자신과 교직 사회의 가치관을 고려하여 직·간접적인 현장 경험을 토대로 그 문제해결에 가장 적절한 방안을 만들어 내는 것을 의미한다(배소연, 1993).

- **전문적인 지식의 심화** : 유아교사는 교육목표를 설정하고 연령별 유아 발달단계에 맞는 교육내용을 선정하고 조직하며 유아의 행동변화를 돕는 전문적 지식이 필요하다. 실습생은 실습기간 동안 유아교사에게 필요한 새로운 교수원리나 교수방법, 유아교사로서 갖추어야 하는 태도, 대인관계 기술, 생활 지도 등을 직접 경험하고 이에 필요한 전문적 지식을 습득하게 된다.
- **의사결정의 기회 제공** : 가르친다는 것은 불확실하고 많은 대안 가운데서 최선책을 선정하는 의사결정 과정이다. 실습은 가르치는 과정에서 야기되는 많은 의사결정 과정을 연습해 보는 기회를 준다.
- **지식과 기술 통합의 기회 제공** : 예비유아교사는 대학에서 학습자에 대한 지식, 교육 원리에 대한 지식, 교과목에 대한 지식, 교수-학습방법에 대한 지식, 학급운영에 대한 지식 등을 각각 분리하여 단편적으로 학습한다. 그러나 가르치는 일은 이 모든 것에 대한 지식이 통합되어 일어나는 활동으로 실습은 예비유아교사에게 필요한 지식을 통합하는 기회를 제공한다.

  또한 육아정책연구소(2010)에서 제시한 교직인성 및 전문성 개발, 학습자에 대한 이해, 교육과정 운영, 대인관계 및 의사소통, 정보화 소양, 학급운영 등 교원 핵심역량도 실습을 통하여 지식, 기술, 태도로 통합된다.
- **이론과 실제를 연결하는 기회 제공** : 예비유아교사는 실습을 통하여 대학에서 배운 이론과 실제의 차이를 발견하게 된다. 이론과 실제의 괴리는 이론상의 오류

라기보다 이론을 도출해 낸 상황과 이를 적용하게 되는 교육현장의 제반 조건이 다르기 때문에 생기는 경우가 많다. 실습은 이론을 교실 상황의 변화에 따라 분석하고 재구성하는 능력을 계발하는 기초 단계가 된다.

- **유아교사의 정체성 확인** : 교직에 대한 적성이 있다고 생각한 사람이 실습을 하면서 유아교사로서의 적성이나 자질이 없음을 발견하기도 하고, 교직에 대한 관심이 없다가 실습을 통하여 교직이 자신의 길임을 발견하게 되기도 한다. 특히 유아의 안전과 청결, 식사지도, 낮잠 지도 등 기본생활지도에 많은 시간을 할애하는 경우 실습생은 유아교사의 역할에 갈등과 혼돈이 생길 수 있다. 이렇듯 실습은 예비유아교사의 적성을 확인하거나 재발견하는 기회를 제공해 준다.
- **교육관과 사명감 확인** : 실습 과정은 교수 능력뿐만 아니라 교직관이나 사명감을 확인하는 기회를 제공한다. 예비유아교사는 이론을 현장에 적용해 보는 과정에서 문제점을 발견하고, 사명감을 갖고 이러한 문제점을 시정할 수 있는 새로운 교육이론을 탐구하기도 한다.
- **행정적 역할 경험** : 실습은 학급 운영관련 문서 작성 및 관리, 대외 관련 공문서 작성 및 관리, 행정 업무 처리를 위한 정보화 기술 이해에 대하여 배우는 기회를 제공한다.

결론적으로 실습은 유아교사로서의 광범위한 역할을 실제 현장에서 직·간접적으로 배워 유아교사로서 가르치는 것의 현실에 필요한 자질을 계속 연마하는 단계로, 유아교육 및 유아교사의 전문성을 향상시키는 데 큰 의의가 있다고 볼 수 있다.

덧붙여 실습지도교사는 실습생을 지도하면서 자신의 보육계획 및 수행, 영유아와의 상호작용, 놀이 참여, 환경구성 및 교재교구 활용 등을 점검해 보고, 반성적 사고의 기회를 갖게 된다는 측면에서 실습기관 차원에서도 실습의 의의를 찾을 수 있다. 또한 실습지도교사뿐만 아니라 실습기관 내 교직원들도 바람직한 보육활동에 대한 고민과 영유아의 안전, 영양 및 위생, 건강 등 여러 측면의 점검 과정을 통해 보육과정과 기관의 전반적인 질 향상을 도모할 수 있다(한국보육진흥원, 2013). 따라서 실습은 유아교사양성대학 교육과정의 현장 적용 수월성 측면에서뿐만 아니라 현직 교사교육, 구체적으로 실습지도교사 교육프로그램에 대한 개선의 계기가 될 수 있다.

3 실습의 중요성과 효과

대학에서 배운 전문적 이론을 교육현장에서 실제로 적용하는 데에는 실제 상황의 각종 변수에 따라 차이가 크기 때문에 이론과 실제 사이에 괴리가 생기기 마련이다. 그러한 차이를 인식하고 이론을 현장에 맞게 변형하여 적용함으로써 현실적으로 실수가 없도록 또는 극소화하기 위해 실습은 절대적으로 필요하다(김경배, 1996).

실습기간 동안 예비유아교사는 유아를 지도해 보는 경험을 통해 실천적 지식을 획득할 뿐만 아니라 학급운영 및 부모와 상호작용하는 방법 등 생생한 현장 경험을 할 수 있다. 이러한 경험은 유아교사로서 정체성을 확립할 수 있고, 신념을 형성할 수 있다는 점에서 매우 중요한 의미를 지닌다. 특히 유아교육은 이론을 현장에 적용하는 응용 학문적인 특성을 가지고 있으므로 실습의 중요성은 매우 크다.

실습의 중요성은 실습의 결과가 예비유아교사의 발전에 긍정적인 영향을 끼쳤다는 사례로 뒷받침될 수 있다. 예를 들어, 실습을 경험한 후에 교수에 임하는 신중한 태도, 교수능력, 유아의 학습을 동기화하고 올바르게 평가하는 능력, 유아를 바르게 파악하고 이해하는 능력, 교수의 목적 및 목표를 이해하는 능력, 편견을 갖지 않으려는 태도, 문제를 가진 유아를 수용하고 그 문제를 해결해 주려는 태도, 민주적으로 학급을 운영하는 태도, 개인차를 인정하는 태도 등이 긍정적인 방향으로 변화·발전되었다(배소연, 윤기영, 조부경, 1995).

실습은 예비유아교사의 정의적인 속성에도 영향을 미친다. 즉, 실습 후 교수과업에 대해서는 좀 더 염려하고, 유아교사로서의 생존에 대해서는 염려를 덜 하며, 유아교사가 되는 결정에 대해서는 더 확신을 가지며 가르치는 것에 대한 불안은 더 적어졌다(Piagge & Marso, 1990). 또한 보육 현장에서 유아교사가 의도하는 방향으로 유아의 발달을 유도할 수 있다는 신념인 실습생의 보육효능감은 실습을 마친 후 더 높아졌다(현정환, 2003).

이에 반하여 실습은 제한된 경험만을 제공한다는 면에서 야기되는 부정적인 견해도 있다. 예비유아교사는 실습기간 동안 그들이 경험한 것을 실제 현장의 모두이며 유아교사로서 할 수 있는 최선이라고 생각하며, 그 결과 유아교사로서 갖추어야 하는 창의력, 융통성, 객관성, 분석력, 판단력 그리고 새로운 교육방법이나 기술을 수용하는 능력이나 태도의 발달을 저해할 수 있다(이은화, 배소연, 조부경, 2006).

예비유아교사의 실습 전의 실습에 대한 긍정적인 인식이 실습 후에 유아교사역할, 유아교사의 지도내용, 실습 지원체계, 실습평가 그리고 실습 사전안내 등에서 부정적으로 변화하였다(최진숙, 2005). 또한 리코드(Ricord, 1986)는 실습 이후 예비유아교사는 유아에게 무엇을 어떻게 잘 가르칠 것인가의 문제보다 어떻게 하면 문제없이 조용히 일과를 운영할 수 있을 것인가에 더 관심을 갖게 되기도 하고, 실습을 나가기 이전에는 바람직하지 않다고 생각하던 교수방법을 쉽게 사용하는 경향도 보였다고 하였다(박지완, 2001; 재인용). 그리고 실습경험이 많아질수록 유아교사중심 교육신념은 높아진 반면에 아동중심 교육신념은 낮아졌다(오선영, 김경수, 2008).

따라서 예비유아교사는 현장중심 교육의 부정적인 측면을 쉽게 극복하기 위하여 현장 상황을 비판하고 선택적으로 수용해 재구성할 수 있는 반성적 사고능력을 갖추어야 한다. 반성적 사고란 자신의 신념이나 실천 행위에 대해 그것의 원인이나 궁극적인 결과를 적극적이고 주의 깊게 고려하는 것을 의미한다.

더 나아가 실습은 복잡한 실제 현장에서 필요한 유아교사역할을 경험하고 배울 수 있는 기회가 주어져야 한다. 이와 관련하여 실습 전후 예비유아교사의 역할 인식 변화를 조사한 오선영(2003)은 실습 후 유아교사의 역할 중요성에 대한 인식은 낮아졌다고 하였다. 특히 교육 및 교수활동, 상담 및 정서적 지원, 그리고 부모 및 지역사회 관련·각종 사무 관련 역할에서의 역할 중요성에 대한 인식이 낮아졌다. 이는 예비유아교사를 지도하는 현장의 실습지도교사가 다양한 역할 모델을 제시하지 않았기 때문일 수 있다. 따라서 실습 시 유아교사의 전반적인 역할을 골고루 경험해 볼 수 있도록 실습기관과 대학이 협력할 필요가 있다.

구체적으로 다양한 유아교사의 역할을 유형화하면 다음과 같다(이희경, 김성수, 2000).

- **보육 및 기본 생활지도** : 유아를 보호·양육하며, 유아의 건강하고 안전한 생활을 위해 기본생활 습관 형성을 돕는 역할이다. 여기서 기본생활이란 생활하는데 지녀야 할 기본자질을 몸에 익히는 일로, 유아의 일상생활에 요구되는 청결 유지하기, 질서 예절 지키기, 절제하기 등이 있다.
- **교육 및 교수활동** : 교육과정을 계획하고 조직, 분석, 평가하며 학습환경 및 교재교구를 구성·제작해 활용하고, 다양한 교수법으로 유아의 놀이 및 학습활동을 지도하고 평가하는 역할이다.
- **상담 및 정서적 지원** : 유아의 자아존중감과 성취감 및 자아실현을 존중하고 유아의 내면적 갈등이나 문제해결을 도우며, 정서적으로 지원하고 조언 및 중재하

는 역할이다.

- **연구 및 반성적 실천** : 교직과 관련한 연구와 노력을 하며 자기 개발과 반성적인 실천을 통해 전문성을 신장시키기 위한 역할이다.
- **관련 역할** : 교육과 관련하여 부모 및 지역사회에 관련된 역할, 교직원과 관련된 역할, 각종 사무와 잡무 등에 관련된 역할이다.

특히 영아교사의 역할은 우선 돌보는 것과 가르치는 것을 통합하는 것이다(공인숙, 한미현, 김영주, 2005). 즉, 온정적인 태도와 함께 전문가적 행동이 함께 통합될 때 가장 바람직한 역할 수행을 할 수 있다. 영아교사는 전문적인 지식과 더불어 영아에 대한 이해와 관심, 애정을 갖고 인격적인 인간관계를 맺는 돌봄을 실천하는 교사 역할을 해야 한다. 또한 영아교사는 무엇보다 민감하게 반응하는 상호작용으로 영아가 심리적인 안정감과 신뢰감을 가지도록 하여 안정된 애착을 형성할 수 있도록 돕는 역할을 하여야 할 것이다.

이에 영아교사의 역할을 구체적으로 정리하면 다음과 같다(김정원, 김유정, 이효정, 2016).

- **대리양육자 역할** : 영아가 정서적으로 안정감을 느끼고 기본적인 욕구를 충족시킬 수 있도록 지지적이고 밀접한 관계를 형성하는 역할이다. 자신의 욕구를 적절한 언어로 표현할 수 없는 영아는 교사와의 신뢰를 통해 욕구를 전달하며, 교사는 이를 허용적이고 개별적인 상호작용으로 다양한 욕구를 충족시켜 주어야 한다.
- **자기 통제력 형성 지원자 역할** : 영아는 감정을 즉각적이고 순간적으로 표현하는 경향이 있고, 수용되는 방법으로 감정을 표현하는 방법을 모른다. 아직 언어로 감정을 표현하는 능력이 부족하므로 교사는 인내를 가지고 영아의 발달단계를 고려하여 적절한 수준에서 영아가 통제력을 기를 수 있도록 상호작용해야 한다.
- **학습 안내자 역할** : 영아가 경험하는 탐색과 발견의 기쁨, 흥미로움, 유능함을 공유함으로써 영아의 학습을 안내하는 역할이다. 영아의 발달적 요구에 맞는 교재·교구 및 환경 등을 제공함으로써 영아의 흥미와 호기심을 발휘할 수 있도록 한다.
- **일상생활에서 모델 역할** : 교사는 영아와 함께 보내는 시간이 길고 영아의 생활에 깊이 관여하므로 언어, 행동 등 여러 면에서 바람직한 동일시 대상의 역할을

해야 한다.

- **관찰자 및 평가자 역할** : 영아의 개별적인 차이를 이해하기 위해 계속적으로 발달하는 영아를 세심히 관찰하고 기록함으로써 활동을 계획하고 평가하는 역할이다. 영아의 활동 기술, 언어 기록, 몸짓 기록, 얼굴표정 기록, 작품을 수집하고 묘사하기 등을 통해 정보를 수집한다.
- **부모 교류자 역할** : 부모와의 원활한 의사소통을 통해 부모의 요구를 이해하고 부모를 지원해 주는 공동육아의 역할이다.

또한 사회·문화적 환경 변화에 따라 수행해야 할 유아교사의 역할도 변화하고 있다. 진정한 놀이 경험의 부족, 특별한 요구를 가진 유아의 증가, 미디어 테크놀로지의 범람 속에서 스마트폰과 인터넷의 중독 위험, 조부모에 의한 양육과 교육 참여 증가 등은 유아교사의 역할 수행에서 새롭게 도전받는 과제이다. 더 나아가 4차 산업혁명시대에서 창의적, 비판적인 사고 역량과 다른 사람을 배려하고 존중하는 윤리적 측면의 교육이 더욱 중시되고 있는 시점이다. 미래 세대에게 길러줄 핵심역량으로 4C, 즉 창의성(Creativity), 협업능력(Collaboration), 비판적 사고능력(Critical Thinking), 의사소통 능력(Communication)이 강조되고 있다(류태호, 2017; Schwab, 2018). 이에 4차 산업혁명시대로의 변화에 따라 유아교사의 역할을 새롭게 정립해 나아가야 할 것이다.

한편 실습의 효과에 영향을 끼치는 요인들은 실습이 행해지는 기관의 특성이나 환경, 실습지도교사, 기관장이나 실습지도교수 등의 실습관계자, 실습생 본인의 지식기반이나 특성 등이 있다. 이들 요인들은 각각 또는 다른 요인들과 상호작용하면서 실습의 효과에 영향을 미치게 된다.

특히 실습기간 중의 실습생은 학생이면서 유아교사라는 이중적 역할을 수행하는 위치에 서게 되므로 유아교사로서의 자세와 역할, 학습자로서의 자세와 역할을 동시에 수행하여야만 한다. 실습을 원활하고 효율적으로 수행하기 위해서는 실습생이 실습에 대해 어떠한 생각으로 어떻게 행동하느냐가 중대한 영향을 미친다. 실습생 스스로 자신의 위치를 인식하고, 배우려는 자세를 갖고 적극적으로 실습지도교사의 수업을 관찰하고 도우며 유아교사로서의 태도와 역할을 배우려고 노력해야 한다. 그리고 긍정적인 자아정체성을 갖고 실습을 통한 나의 목표를 선정하여 성장할 수 있는 기회로 삼아야 한다.

또한 실습은 새로운 학습의 장으로 수직·수평적 인간관계를 통하여 사회를 배우게 된다. 실습은 형식적 교육과정뿐만 아니라 잠재적 교육과정으로서 큰 의미를 가지는 것이다. 따라서 실습생은 직업적인 전문성과 바람직한 인간적인 품성을 신장시키도록 계속적인 노력을 하여야 한다.

더 나아가 실습생은 실습기간을 통해 초기, 중기, 후기 등의 과정적 체험을 하면서 실습의 효과에 대하여 스스로 깨닫는다. 초기에는 새로운 환경과 분위기에 적응하면서 처음에는 힘들고 이론과 실제 사이에서 혼란스럽지만 실습을 하면서 자신감도 생기고 열심히 하고자 다짐하는 마음이 앞선다. 중기에는 실습이 진행됨에 따라 여러 가지 역할을 수행하면서 피곤함과 보람 및 자신감을 경험하게 된다. 후기에는 유아교사로서의 직접적, 간접적 체험을 하면서 학교에서 이론적으로 배웠던 것보다 실습을 통한 교육이 효과적이었으며, 이를 바탕으로 더 열심히 미래를 준비하게 된다(류칠선, 1998). 이러한 실습의 과정에서 나타난 상이한 체험의 특성은 유기적 관계를 가지며 복합적, 역동적으로 나타난다. 따라서 실습생이 체험한 실습의 과정적 특성을 긍정적 혹은 부정적 측면으로 해석하기에는 보다 더 복합적 구조를 지니게 된다.

생각해 봅시다

1. 실습을 통하여 실습생은 대학에서 배운 이론과 실제의 차이를 발견하게 됩니다. 그렇다면 이러한 차이를 어떻게 해석하는 것이 도움이 될까요?

2. 실습의 긍정적인 측면과 부정적인 측면에 대하여 이야기 나누어 봅시다. 실습의 부정적인 측면을 극복할 수 있는 구체적인 방법은 어떤 것이 있을까요?

2장

실습의 유형과 준비

1 실습의 유형

실습의 유형은 일반적으로 사전실습, 정규실습, 사후실습의 3단계 과정으로 이루어진다. 이 중 사전실습과 사후실습은 정규실습을 위한 준비와 마무리를 위해 교사양성과정을 운영하는 대학의 재량으로 학교에서 실시하며, 정규실습은 유치원 현장에서 4주간 160시간 의무적으로 실시하도록 법적으로 규정되어 있다.

1) 사전실습

사전실습은 정규실습에 들어가기 전 유치원의 환경과 학급의 운영상황, 유아교육기관의 교육목표 등을 살펴보고, 유아들의 하루일과를 관찰함으로써 실습기관에 대한 이해를 돕는 과정이다. 예비유아교사들은 이러한 사전 실습을 통해 실습에 대한 마음의 준비를 함으로써 정규실습을 더 효과적으로 수행할 수 있도록 한다.

사전실습은 유아교사양성과정인 학교에 따라서 경험하는 시기가 다르지만, 대략적으로 정규실습을 나가기 전에 실시한다. 보통 1~2개월 전 또는 1~2학기 전부터 시작한다. 사전실습에서는 유아들의 하루일과를 관찰하기도 하고, 담임교사의 수업을 보조하는 역할을 하기도 한다. 이때 수업에 필요한 교구제작에 참여하거나 환경구성을 돕기도 하고, 자유선택활동시간에 유아들의 놀이와 소집단 활동의 진행을 돕는 역할을 경험하기도 한다. 이러한 사전실습을 통해서 자신에게 적합한 실습지를 선정하고 적응해 보는 기회로 활용해 볼 수 있다.

2) 정규실습

정규실습은 유치원정교사 자격취득을 위한 필수과정으로서 4주간 160시간 이루어지는 현장실습이다. 정규실습은 유아교육법 제7조에 의해 설립된 유아교육기관으로서 일반적으로 사립, 공립, 단설유치원에서 이루어진다. 정규실습을 하는 동안 예비유아교사는 유아교육현장에서 지도교사의 지도를 받으며 교사로서의 역할을 경험하고 배우는 시간을 갖는다.

정규실습을 하는 동안 실습생이 경험하고 배우게 되는 내용

- 유아교육기관의 환경관찰 및 이해
- 유아들의 행동발달과 정서발달 등 전반적인 유아발달 관찰 및 이해
- 지도교사의 수업보조 및 관찰
- 유치원에서 진행되는 행사 및 특별활동 참여 및 보조
- 지도교사의 지도 및 검토를 받으며 수업계획 및 실행
  - 부분수업 : 하루일과의 전체교육활동 중 부분적으로 한 가지 단위활동을 계획하고 준비하여 실행함(새 노래 배우기, 동시, 동화, 게임, 이야기 나누기 등)
  - 연계수업 : 전체교육활동 주제와 연계하여 두 가지 단위활동을 준비하여 실행함(신체활동과 노래 부르기, 동화와 요리활동, 수 활동과 게임하기 등 두 가지 활동을 연계)
  - 전일수업(all day) : 하루일과 전체를 계획하고 준비하여 실행함. 일일교사로서 하루수업 전체를 책임지고 진행하는 경험으로서 실습의 마지막 단계에서 하는 중요한 활동임
- 그 외에도 유아놀이 관찰 및 기록, 수업에 필요한 교구제작, 사무 관리 및 행정보조 등을 돕거나 경험하게 된다.

3) 사후실습

사후실습은 정규실습이 끝난 이후에 실습했던 유치원에서 실습이 지속적으로 이루어지는 과정이다. 사후실습은 유치원에서 보조교사 역할 또는 행사보조 등의 경험을 하며 정규실습 때 부족했던 부분을 보완하면서 유아교사로서 갖추어야 할 역할수행 및 능력. 전문성 등을 향상시킬 수 있는 시간을 갖는다.

2 실습의 준비

1) 학교현장실습 준비

(1) 대학의 준비

① 실습지 선정

학생들은 스스로 집에서 근거리에 위치한 유아교육기관을 알아본다. '유치원 알

리미' 홈페이지를 통해 자신이 살고 있는 지역의 유치원을 검색하여 각각의 유치원 홈페이지에서 유치원환경과 교육내용에 대한 정보를 살펴보고, 자신이 실습하기를 원하는 유치원을 선정한다. 선정한 유치원의 정보를 학교현장실습기관 선정서에 작성하여 학교에 제출한다.

학년도 학교현장실습기관 선정 조사표

<table>
<tr><td>학번</td><td colspan="2"></td><td>이름</td><td></td><td>연락처</td><td colspan="2"></td></tr>
<tr><td>순위</td><td colspan="3">선정 유치원</td><td colspan="2">선정이유</td><td>1급
정교사</td><td>지도 교수
확인</td></tr>
<tr><td rowspan="3">1</td><td>기관명</td><td colspan="2"></td><td colspan="2" rowspan="3"></td><td rowspan="3"></td><td rowspan="3"></td></tr>
<tr><td colspan="3">주소</td></tr>
<tr><td colspan="3">☎</td></tr>
<tr><td rowspan="3">2</td><td>기관명</td><td colspan="2"></td><td colspan="2" rowspan="3"></td><td rowspan="3"></td><td rowspan="3"></td></tr>
<tr><td colspan="3">주소</td></tr>
<tr><td colspan="3">☎</td></tr>
<tr><td>상담
결과
및
특이
사항</td><td colspan="7"></td></tr>
</table>

② 실습기관에 실습 의뢰서와 구비서류 보내기

학생이 제출한 학교현장실습 선정서를 기반으로 학교에서는 해당 유치원에 실습 요청 공문을 보내어 실습지로 선정될 수 있도록 한다.

실습기관에 보낼 서류는 협력기관 지정증명서 사본, 학교현장실습 서약서, 실습신청서, 원장님께 드리는 편지, 지도교사에게 보내는 의뢰서, 학교현장실습비, 학교현장실습교사 출근부, 학교현장실습 결과 보고서, 선물 등의 서류를 준비하여 보낸다. 이 외에도 실습기관에서 요청하는 서류들이 있다면, 실습생이 준비하여 보낼 수 있도록 지도한다. (예를 들면, 건강진단서, 세균검사서, 코로나 음성확인서 등) 그리고 학교에서 다시 받아야 하는 학교현장실습 결과보고서 양식은 봉투와 우표를 동봉하여 보내도록 한다. 서류들 예시는 다음과 같다.

■ 학교현장실습 협력(병설)유치원 지정증명서

협력 (병설) 유치원		
유치원 명	학급수	소재지(전화번호)

실 습 학 생			
대 학 명	학 과 명	실습교과	본원 실습예정인원
○ ○ 대학교	유아교육과	학교현장실습	총 명

위와 같이 본원이 학교현장실습 협력(병설)유치원으로 지정되었음을 증명함

년 월 일

○ ○ 유 치 원 장

○ ○ 대학교 유아교육과 귀하 직인

■ 학교현장실습 결과 보고서

1. 실습유치원명 : 유치원
2. 실습 기간 :
3. 지도교사

직 명	성 명	담 당 내 용	비 고

4. 실습내용

제 1 주	제 2 주	제 3 주	제 4 주

5. 실습상황

학교명 및 학과명	실습생 성 명	근무 태도 (10%)	자질 (15%)	학습지도 능 력 (50%)	연구조사 활 동 (15%)	학급경영 및 사무처리 능력 (10%)	총 평 (100%)	비 고
○○ 대학교								

위 사실을 증명함.

년 월 일

________________유치원장 직인

③ 실습에서 필요한 자료 준비

실습교사로서 필요한 명찰, 앞치마, 서류파일 등 단체로 주문하는 것이 편리한 물품들을 준비해 준다.

명찰은 목걸이형 또는 브로치형 중에서 상황에 맞는 것을 선택한다. 목걸이형은 수첩이나 볼펜을 넣을 수 있는 편리함이 있고, 브로치형은 간단하게 부착할 수 있는 장점이 있다. 이때 명찰의 재질이나 형태가 유아들에게 위험 요소가 있는지 확인하여 선택하도록 한다.

(2) 실습생의 준비

① 실습생의 마음가짐

실습을 앞둔 예비교사는 처음 경험하게 되는 현장실습에 대하여 막연한 두려움이 있다. 호기심과 배움에 대한 열정도 있지만 일반적으로 많은 학생들은 자신들이 실습을 잘할 수 있을지, 끝까지 잘 마무리할 수 있을지 등을 걱정하면서 불안해하는 모습을 볼 수 있다. 실습과정의 흐름을 보면 처음에는 실수도 많이 하게 되고, 교사로부터 받는 지적사항들을 들으며 스트레스를 받게 된다. 이때 실습생은 자신감이 떨어지고 죄책감과 자신에 대한 실망감으로 부끄러워하며 힘들어하지만, 예비교사로서 성공감을 갖는 우연한 경험들이 쌓이면서 서서히 자신감을 회복하기 시작한다. 실습 초기에 유치원의 낯선 환경에 대한 적응기간을 마치고 나면, 곧 유아들과 함께하는 시간이 즐거워지는 것을 경험하게 된다. 유아들은 실습교사와 점점 애착이 형성되고 실습생은 유아들과 상호작용을 하며 자신에게 관심과 반응을 보여주는 유아들을 보면서 예비교사로서 자긍심도 갖게 된다. 또한 교사로부터 지도받으며 배우고 경험하는 모든 활동들을 통해 실습에 대한 보람과 만족도 점점 높아지게 된다. Sacks & Harrington(1982)은 예비교사의 발달과정을 불안 → 배치하여 소속 → 사전지도 → 시행착오 → 통합 & 강화 → 완전습득의 단계로 제시하고 있다. 예비유아교사로서 현장실습은 처음 경험하는 낯선 환경에서 막연한 불안감으로 시작하게 되지만 지도교사의 지도하에 많은 시행착오를 거치면서 교사로서의 역할을 습득하게 된다.

② 실습생의 태도

실습생은 학교에서는 학생의 신분이지만, 유치원 현장에서는 실습교사, 즉 유아들에게는 선생님으로 불리어지게 된다. 교육기관에서도 실습생을 교사로 예우하며 지도를 한다. 실습에서 가장 중요한 요소 중 하나는 지도교사와의 소통이라고 할 수 있다. 지도교사는 실습생이 교사로서 성장할 수 있도록 세세한 관심을 가지고 지도와 도움을 주는 조언자이자 조력자이다. 지도교사는 실습생의 리더이기도 하고, 멘토 역할을 하면서 실습에서 가장 큰 영향력을 행사하는 사람이기 때문에 지도교사의 조언과 비판은 긍정적으로 수용하면서 받아들여야 한다. 간혹 지도교사의 지도가 학교에서 배운 내용과 다르더라도 현장에서는 지도교사의 지도를 따르는 것이 중요하며, 늘 감사하는 마음으로 겸손하게 받아들이고 진심으로 노력하는 자세를 가져야 한다.

지도교사가 긍정적으로 생각하는 실습생의 태도에 대한 견해

- 시간을 잘 지킨다.
- 지도교사의 조언과 비판을 잘 수용하고 긍정적으로 대답을 잘한다.
- 웃는 얼굴과 바른 언어로 친근한 모습을 보인다.
- 자신의 의견을 정확하게 표현한다.
- 학습준비를 꼼꼼하게 잘하고, 지도를 잘한다.
- 유아들과 친화력을 잘 유지하고 상호작용을 잘한다.
- 옷을 단정하고 깨끗하게 입는다.
- 수업 계획안을 여유 있게 준비하고, 자신의 일을 책임감 있게 잘한다.

지도교사가 부정적으로 생각하는 실습생의 태도에 대한 견해

- 노력과 열성이 부족하다.
- 무뚝뚝하고 반응이 없으며, 질문에 대하여도 대답을 잘 하지 못한다.
- 유아들과 눈 맞춤을 잘 못하고 상호작용도 잘 못한다.
- 지도교사의 조언과 비판에 반응을 하지 않고, 지도내용에 대답만 하고 실천하지 않는다.
- 몇 명의 유아들만 이해한 것을 모든 유아들이 이해한 것으로 착각한다.
- 시간을 잘 지키지 않고, 변명과 핑계가 많다.
- 유아교육내용에 대한 이해가 부족하다.
- 실습생으로서 역할을 충분히 하지 않고, 눈치를 많이 본다.
- 단정하지 않은 옷과 언어사용이 바르지 않다.

③ 배움을 위한 적극적인 활동

실습교사는 현장실습을 통해 유아교육현장을 이해하고, 예비유아교사로서 교사가 되기 위하여 배움에 대한 적극적인 마음가짐이 중요하다. 4주간의 실습을 통해 현장을 충분히 이해할 수 있도록 유치원에서 이루어지는 활동에 적극적으로 참여하여 실습 중에 배운다는 학생으로서의 본질을 잊지 말아야 한다. 실습교사는 항상 겸손하고, 예의 바르고 진실성 있는 태도로 모든 경험에 의욕적으로 임하는 태도가 필요하다. Hess & Crott(1981)는 실습교사가 실습과정을 최대한 활용하기 위한 태도와 행동에 대하여 다음과 같이 제안하고 있다.

Hess & Crott의 실습교사의 태도와 행동

- 솔직한 지도를 부탁드린다.

실습은 배우기 위한 시간이므로, 이해를 못하였거나, 실수를 하더라도 부끄러워하지 말고, 지도교사에게 실수를 교정하고 학습할 수 있도록 '피드백' 또는 '지도'를 부탁하도록 한다.

- 질문한다.

모르는 것은 언제든 질문한다. 배우기 위하여 실습을 하는 것이므로 질문을 두려워하지 말고, 질문이 가능한 시간에 질문을 하도록 한다. 질문할 시간이 여의치 않으면 서면으로 제출하여 질문하도록 한다.

- 최상의 판단력을 동원한다.

불확실한 상황에 직면하게 되면 자신이 생각하는 최상의 판단력을 동원하고, 이후에 그 원리에 대한 설명을 요청하여 듣도록 한다.

- 전문직다워야 한다.

출근은 정시에 하고, 실습하는 유치원의 근무수칙을 잘 지키도록 한다.

- 유아를 최우선하는 교사의 요구를 존중해야 한다.

유치원 현장에 있는 교사들은 유아교사역할만으로도 여유가 없으므로, 실습교사는 자기시간을 활용하여 스스로 화장실, 비상구 등 유치원 환경을 확인하고, 비품이 보관되어 있는 곳 등을 사전에 조사해 놓도록 한다.

- 필요한 것을 찾아서 충족해야 한다.

유아들의 활동을 관찰하면서 교사의 손길이 필요한 유아들과 협력교사의 일에 부담을 덜어주기 위한 보조역할을 시기적절하게 할 수 있도록 부지런하게 움직인다. 이러한 수업보조는 실습생의 역할이므로 칭찬을 바라지는 말아야 한다.

• 교직원에게 환영받는 존재가 되도록 한다.
실습교사로서 유아들의 이름을 기억할 수 있도록 하고, 교직원의 이름도 기억하도록 한다. 유치원 현장은 매우 바쁜 곳이니, 교직원들에게도 먼저 인사하고, 예의를 갖추도록 하며, 실습생이 해야 할 일뿐만 아니라 그 이상의 일을 할 수 있도록 한다.

• 유치원에 긍정적인 공헌을 할 수 있도록 한다.
유치원 교육과정에 도움이 될 수 있는 새로운 아이디어나 기술, 또는 교구 등을 수리하거나 만드는 등의 방법들을 찾아본다.

• 우수한 교사를 본받을 수 있도록 한다.
우수한 교사의 역량을 잘 관찰하여 배우려고 노력한다. 학부모와의 관계, 유아들과의 상호작용하는 것 등의 관찰을 통하여 자신의 것으로 만들 수 있도록 해본다.

• 다른 성인들과 사교하는 일을 피한다.
실습교사로서 자신의 역할을 충실히 하지 않고, 실습교사들끼리 유치원 내에서 이곳저곳을 다니면서 잡담을 하지 않도록 한다. 유아들은 언제 어떤 문제가 생길지 모르기 때문에 항상 유아 곁에서 예의 주시해야 한다.

• 교직원 사이의 문제에 개입하지 않는다.
교직원들 사이에서 다른 사람의 말을 전달하거나, 한쪽 편을 두둔하는 언행을 하지 않도록 한다. 이러한 문제 개입이 실습생으로서 학습할 기회를 잃게 될 수도 있다.

• 유치원과 교직원에 대한 판단을 하지 않는다.
유치원교사의 지도방법이 좋고 나쁨을 언급하지 않는다. 짧은 시간 동안 관찰한 것만으로는 판단의 오류를 범할 수 있다.

• 자신 스스로 경험에서 배울 수 있도록 한다.
성공적인 경험은 마음속에서 다시 재연해 보면서 기억을 하고, 실패된 경험은 수정 보완하는 연습을 통해 스스로 성장할 수 있도록 한다.

④ 실습생의 준비물

- 수첩과 볼펜을 몸에 지니고 다니며, 항상 배우는 자세로서 언제든지 기록할 수 있는 준비를 한다.
- 덧신을 준비한다. 슬리퍼는 민첩한 움직임에 방해가 될 수 있으므로 실내에서는 안전하고 가벼운 덧신 또는 실내용 운동화 등을 신도록 한다.
- 마스크를 여유 있게 준비하여, 하루 8시간 유아들과 생활하는 동안 교체하여 사용할 수 있도록 한다.
- 양치도구는 개인적으로 준비하여 점심식사 후 양치를 하여 청결을 유지할 수 있도록 한다.
- 개인컵 또는 텀블러를 준비하여 실습하는 동안 되도록 개인컵을 사용하여 위생관리를 할 수 있도록 한다.

⑤ 실습생의 복장

- 실습교사는 교사로서의 품위를 지킬 수 있도록 단정하고 깨끗하게 옷을 입도록 한다. 색채가 너무 화려한 옷을 피하도록 하며, 요란한 장신구도 자제하여 활동이 쉽도록 한다.
- 머리도 단정하게 묶거나 핀으로 고정하여 흘러내리지 않도록 한다.
- 짙은 화장도 삼가며, 손톱도 길지 않도록 단정하게 관리한다.
- 실외 활동 시에는 높은 굽의 구두 또는 운동화를 자제한다.

(3) 실습생 서류준비

실습생은 신상기록부, 보건증, 성범죄 이력서, 코로나 동선일지 등을 준비한다. 신상기록부와 코로나 동선일지는 실습생이 직접 작성하고, 보건증은 거주하는 지역에서 가까운 보건소에서 신청한다. 성범죄 이력서는 인터넷을 통해 조회할 수 있다.

■ 실습생 신상 기록부

<table>
<tr><td rowspan="5">사 진</td><td>성 명</td><td></td><td>전화번호</td><td></td></tr>
<tr><td>생년월일</td><td colspan="3">년 월 일생 (만 세)</td></tr>
<tr><td>현 주 소</td><td colspan="3"></td></tr>
<tr><td>이 메 일</td><td colspan="3"></td></tr>
<tr><td>성 별</td><td></td><td>특 기</td><td></td></tr>
</table>

<table>
<tr><td rowspan="3">학력사항</td><td>년</td><td>월</td><td>일</td><td>학 교 명</td><td>학 과</td></tr>
<tr><td></td><td></td><td></td><td>고등학교 졸업</td><td></td></tr>
<tr><td></td><td></td><td></td><td>○ ○ 대학교</td><td>유아교육과 재학 중</td></tr>
</table>

<table>
<tr><td rowspan="3">자 격
사 항</td><td>자 격 내 용</td><td>취득일 (예정)</td></tr>
<tr><td>유치원 정교사 2급</td><td>년 월 취득 예정</td></tr>
<tr><td></td><td></td></tr>
</table>

<table>
<tr><td rowspan="5">전공능력 향상을
위한 노력</td><td>기 간</td><td>주 요 내 용</td><td>주관</td></tr>
<tr><td></td><td></td><td></td></tr>
<tr><td></td><td></td><td></td></tr>
<tr><td></td><td></td><td></td></tr>
<tr><td></td><td></td><td></td></tr>
</table>

■ 코로나19 동선 일지 양식

■ 기간 :　　년　월　일　~　월　일

■ 학번　:　　　이름 :

일 자	시간대	방문지	접촉자	기타
월　일 (요일)	~09:00			
	09:00 ~ 09:30			
	09:30 ~ 14:30			
	15:00 ~ 15:30			
	15:30~			
월　일 (요일)	~09:00			
	10:10 ~ 10:30			
	10:30 ~ 12:20			
	12:20 ~ 12:30			
	12:30 ~ 18:00			
	18:00 ~ 18:30			
	18:30~			
월　일 (요일)				
월　일 (요일)				
월　일 (요일)				
월　일 (요일)				
월　일 (요일)				
월　일 (요일)				
월　일 (요일)				

2) 보육실습 준비

보육실습을 위해서는 보육교사 자격을 위해 보건복지부에서 법으로 정하고 있는 과목을 수강한 후 보육현장에서 실습을 할 수 있도록 준비한다. 실습시간은 6주 240시간으로 2회에 나누어 분할실습이 가능하다. 보육실습기관은 정원 15명 이상으로 평가인증을 유지하는 어린이집 또는 방과후 과정을 운영하는 유치원에서 실시할 수 있다. 실습기관은 보육교사 1급 또는 유치원 정교사 1급 자격증을 보유하고 있는 교사가 있어야 하며 실습생은 1급 지도교사로부터 지도를 받아야 실습이 인정된다. 이때 원장 또는 원감자격증은 인정이 안 되는 점을 유의해야 하며, 1급 지도교사는 실습생을 3명 이내로 지도해야 한다. 실습은 오전 9시에서 오후 7시 사이에 이루어지며, 하루 8시간을 초과할 수 없다. 실습평가점수는 반드시 80점 이상이어야 인정이 된다.

(1) 보육교사 양성기관의 준비

보육교사과정은 정규대학교 또는 학점은행제로 운영되는 사회교육원, 평생교육원, 사이버대학 등 다양한 교육기관에서 이루어지고 있다. 전공학과도 유아교육과 이외에 아동학과, 아동복지학과, 사회복지학과 등 전공학과의 범위도 넓게 분포되어 있다. 이러한 보육교사 양성기관에서는 학생이 실습을 할 수 있도록 기관선정에서부터 실습과정, 실습결과까지 원활하게 진행되도록 적극적으로 개입하여 지도하여야 한다.

실습을 위하여 실습생이 실습기관을 선정하여 학교에 제출하면, 학교는 실습기관에 공문을 보내어 실습이 진행되도록 한다. 보육실습은 보육실습만 진행할 수도 있지만, 유아 정교사 자격을 위한 실습과 함께 병행해서 실시할 수도 있다. 실습생의 상황에 따라서 보육실습만 할 수도 있고, 병행실습을 할 수도 있으므로 실습기관 선정 시에는 다음의 조건을 고려하여 선정한다.

■ 보육실습과 병행실습

	실습기관	지도교사	필요한 서류
보육실습	보육정원 15인 이상+아래 ① ② ③ 중 하나 이상 해당 ① 의무평가제 결과 A 또는 B등급을 받은 어린이집 ② 평가인증제 결과 인증상태를 유지하고 있는 어린이집 ③ 방과후 과정 유치원	보육교사 1급 또는 유치원 정교사 1급 ※ 지도교사 1명당 기간 내 보육실습생 3명 이내로 지도	• 보육실습 확인서 • 실습기관 인가서 • 지도교사자격증 사본 (원본대조필확인) • 지도교사 1명당 3인 이내 지도확인서 • 실습일지 • 출근부확인
병행실습	방과후 과정을 운영하는 유치원에서 보육실습과 학교현장실습을 6주 병행실습을 하면 보육실습과 학교현장실습을 동시에 인정	유치원 정교사 1급 또는 보육교사 1급 ※ 실습지 학급의 담임교사만 가능, 원장 및 원감 불가 ※ 지도교사 1명당 기간 내 보육실습생 3명 이내로 지도	

실습을 위한 기관이 선정되면 보육실습 신청서를 보내고, 실습기관으로부터 실습 동의서를 받는다. 그리고 실습생이 실습을 마치고 나서 보육실습 확인서, 실습기관 인가서, 지도교사 자격증 사본(원본대조필확인), 지도교사 1명당 3인 이내 지도확인서를 받아올 수 있도록 지도한다.

보 육 실 습 확 인 서

1. 실습 이수자 기본사항

이　름	생년월일	양성교육기관명

2. 실습기관

<table>
<tr><td colspan="2">실습기관명</td><td></td><td>기관종류</td><td colspan="2"></td></tr>
<tr><td colspan="2">실습기관 인가 정원</td><td></td><td>최초인가일</td><td colspan="2">년　월　일</td></tr>
<tr><td rowspan="2">구분</td><td>평가제</td><td></td><td>평가 등급
(평가 주기 시작일)</td><td colspan="2">년　월　일</td></tr>
<tr><td>평가인증제</td><td></td><td>인증유효기간</td><td colspan="2">년　월　일 ~
년　월　일</td></tr>
<tr><td colspan="2">주소</td><td colspan="2"></td><td>연락처</td><td></td></tr>
</table>

* 어린이집은 운영형태(가정, 민간, 직장, 국공립 등) 기재, 유치원은 방과후과정 운영 여부 기재

3. 실습 지도교사

이　름	자격 종류	자격번호
* 실습 지도교사는 동일 실습기간 내, 보육실습생을 3명 이내로 지도하였습니까? (예 ㅁ/ 아니오 ㅁ)		

4. 실습 기간

실습기간	년　월　일 ~　년　월　일(　주간)
실습시간	총　시간(매주 월요일 ~ 금요일까지, 오전　시 ~ 오후　시)

위 사람은 영유아보육법시행규칙 제12조제1항에 따른 보육실습 기준을 준수하여 보육실습을 충실히 이수하였음을 확인합니다.

년　월　일

어린이집의 원장　(서명 또는 인)

학과장　(서명 또는 인)

(2) 실습생의 태도 및 준비자세

① 실습생은 실습기관의 지도교사에게 배우는 자세로 태도와 예의를 갖춘다.
② 수업준비에 최선을 다하고, 일관성 있는 모습으로 영유아를 케어(care)하고 지도한다.
③ 실습생은 어떠한 경우에도 영유아에게 화를 내거나 벌을 주어서는 안 되며, 항상 지도교사와 의논하고, 실천하는 데 있어서 신중함을 가져야 한다.
④ 보육실습일지를 매일 기록하고 지도교사의 지도와 조언을 받도록 한다.
⑤ 과제와 수업은 정해진 날짜를 엄수하고, 사전에 지도를 받고 수정·보완하여 실행에 옮기도록 한다.
⑥ 영유아의 발달과 눈높이에 맞추어 상호작용하며, 편애하는 행동을 삼가도록 한다.
⑦ 원장 및 지도교사와 대화할 때는 메모를 하면서 지도를 받는다.
⑧ 영유아의 행동 관찰 및 활동 등을 기록하기 위해 항상 메모할 것을 몸에 지니고 있도록 한다.
⑨ 실습생은 짧은 치마나 몸에 밀착된 옷을 피하도록 하고, 단정하고 움직임이 자유로울 수 있는 신축성 있는 옷을 입도록 한다.
⑩ 짙은 화장은 피하고, 손톱도 짧게 관리하여 영유아들이 다치지 않도록 한다.
⑪ 마스크는 여유분을 준비하여 실습 중에 언제든 교체할 수 있도록 한다.

(3) 실습생 서류준비

① 실습생은 실습을 시작하기 전에 신상기록부를 작성해 둔다.
② 거주하는 지역의 보건소에서 보건증을 준비한다.
③ 성범죄 이력서는 인터넷을 통하여 발급받을 수 있다.
④ 코로나 동선일지는 실습 전 자신의 동선을 작성한다.
⑤ 보육실습생 서약서는 실습기관의 양식에 맞추어 작성한다.
⑥ 실습과정이 끝나면, 실습기관으로부터 실습결과보고서(실습확인서)를 받는다.
⑦ 실습기간 동안 작성한 실습일지와 출근부 확인서를 준비한다.
⑧ 실습기관 평가서 및 실습비 영수증 등을 준비하도록 한다.
⑨ 실습기관 인가서 및 지도교사 자격증 사본(원본대조필확인)을 받아온다.

⑩ 지도교사 1명당 3인 이내 지도확인서를 받는다.

3 실습 진행

1) 학교현장실습

(1) 실습생의 하루일과

① 등원 맞이 및 정리 도와주기
② 유아 자유놀이활동 보조하기
③ 오전·오후 간식 먹기 전후 책상 닦고 정리하기
④ 점심 배식 및 정리하기
⑤ 수업보조 및 관찰하기(실내활동 및 실외활동)
⑥ 유아관찰하며 관찰일지 작성하기
⑦ 교구제작 및 보조하기
⑧ 유아들 하원 보조하기
⑨ 교실 정리 및 일지 작성하기
⑩ 방과후 영유아들 케어(care)하기

(2) 실습생의 수업활동

① 이야기 나누기 활동 보조
② 놀이 보조(교실, 숲, 바깥놀이 등등)
③ 지도교사 수업 보조
④ 특별 활동(영어, 체육 등) 시 영유아 안전 보조
⑤ 방과후 영유아들 놀이 보조

(3) 실습생의 서류 작성법

① 출근부

- 출근하면 실습생이 먼저 해당 날짜에 서명하고, 교사에게 제출하여 도장 또는 사인으로 확인 서명을 받는다.
- 출근부는 실습확인 서류의 기간과 동일하게 작성되도록 한다.

② 환경구성

- 담임교사에게 허락받은 후 유치원의 환경을 촬영하여 첨부한다.

③ 실습일지

- 실습일지는 매일 당일에 작성하도록 하며, 작성 후 지도교사에게 확인받고 서명을 받도록 한다.
- 실습일지의 날짜는 출근부 날짜와 동일하게 작성하여야 한다.
- 실습을 하면서 메모장에 기록하여 두었다가 일지를 꼼꼼하게 작성하도록 한다.
- 유아들의 등원부터 하원까지 하루일과를 기술한다.
- 유아들의 놀이와 활동을 전반적으로 기술한다.
- 상황에 따라 사진을 첨부함으로써 일지를 간소화할 수 있다.

④ 유아 관찰일지

- 교사에게 허락을 받아 유아를 관찰하고 기록한다.
- 관찰일지는 매일 기록하지 않아도 되며, 실습기간동안 2회에서 3회 정도 작성한다.

⑤ 수업 계획안

- 교사에게 사전에 주제와 활동을 문의하여 수업을 계획하고 작성한 후 지도교사에게 지도를 받는다.
- 부분수업, 연계수업, 종일수업의 계획안을 준비한다.
- 계획안을 준비할 때는 대안으로 1개 이상의 계획안을 준비하여 교사와 의논하

고 지도를 받으며 결정할 수 있도록 한다.
- 완성된 계획안을 교사에게 확인받고 수업을 준비한다.

⑥ 실습평가

- 실습을 마치고 실습에 대한 전반적인 소감과 실습에 대한 평가를 작성한다.

2) 보육실습

(1) 보육실습내용

① 영유아 등원 맞이 및 자유놀이 보조
② 오전간식 배식 보조
③ 자유놀이활동 보조
④ 점심식사 배식 및 양치 도와주기
⑤ 영유아 낮잠 재우기
⑥ 지도교사에게 교구제작 및 실습일지 및 관찰일지 지도받기
⑦ 오후간식 배식 보조
⑧ 실습일지, 관찰일지, 보육계획안, 수업준비

(2) 실습일지 작성법

보육실습을 하게 되는 어린이집에서 보육실습일지는 일별로 기재하며, 어린이집 보육실습일지를 작성할 때에는 주제, 목표, 시간, 활동명, 활동 내용, 학습자료 및 유의점, 실습생 자기평가, 지도교사 조언, 내일 계획 등으로 구분하여 각 항목에 정확한 내용을 기재하도록 한다. 보육실습일지는 실습생의 실습 내용을 효율적으로 확인하고 관리할 수 있으며, 이를 통해 보육실습 내용을 정확히 확인하고, 이를 점수화하는 데 자료로 활용할 수 있다.

보육실습일지는 일반적으로 학교에 제출하고자 하는 목적으로 작성하게 되며, 실습생의 실습을 지도하는 교사의 확인을 통해 보육실습이 정확히 진행되었다는 것을 증빙할 수 있게 된다.

4 실습 마무리

1) 학교현장실습평가

(1) 실습평가의 목적

실습평가의 목적은 현장실습에 대한 목적을 어느 정도 달성하였는지를 확인함으로써, 실습 성과에 대하여 알아보는 절차라고 할 수 있다. 평가는 단순히 잘하고 못함을 결정하고, 결과점수가 좋고 나쁨을 가리는 것이 아니라, 실습과정이 바람직하였는지, 실습이 전반적으로 적절하였는지, 실습생 스스로 실습경험이 효과적이라고 생각하는지 등을 돌아보고 자기반성을 해보는 과정이다. 이러한 자기반성의 시간은 실습생 스스로에게 도움을 주는 여러 가지 기능을 가지고 있다.

(2) 실습평가의 분류

실습평가는 누가, 언제, 무엇을 평가하는가에 따라 분류할 수 있다.

평가자 기준에 따라 대학에서 실습 담당교수가 평가하는 부분, 유치원 지도교사가 평가하는 부분, 실습생 교사의 자기평가로 나누어 볼 수 있고, 평가시기에 따라 매일 평가할 수도 있고, 실습 후에 전반적인 것을 평가할 수도 있다.

〈실습평가의 분류〉

기준	평가자
평가자 기준	대학의 실습 담당교수
	유치원 지도교사
	실습생의 자기평가
평가시기 기준	매일평가
	실습 후 평가

2) 보육실습

(1) 실습평가

실습생의 실습과정, 즉 실습일지 작성, 실습태도를 반영하여 교육기관의 실습지도 교사가 보육실습 결과보고서를 작성하여 평가한다.

(2) 마무리 방문

실습이 끝나고 기관을 방문하여, 실습지도에 대한 감사인사를 전하고, 실습관련 서류들을 받아서 정리한다. 실습확인서, 기관인가서, 1급지도교사 자격증, 1급교사 한 명당 3명 이내 지도확인서, 출근부확인서 등 서류를 잘 확인한다. 실습기간 동안 돌봐왔던 영유아들에게도 인사를 한다.

5 자격증 서류 준비

1) 유치원정교사 자격증

교원자격검정령 제19조제3항 내용에 따른 유치원정교사 자격을 갖춘다.

- 교원양성과정을 이수하는 동안 해당 교원양성기관의 장이 실시한 성인지 교육을 4회 이상 이수하여야 한다.
- 2021년도부터 사회적 요구 및 예비교원의 교사 자질을 갖추기 위하여 입학생 및 재학생을 대상으로 「성인지 교육」을 실시하고 그 결과를 교사자격증 취득을 위한 무시험검정 평가에 반영하도록 의무화하고 있다.
- 대학을 졸업하면서 졸업장과 함께 2급 정교사 자격증을 수여한다.

2) 보육교사 자격증

서류	내용	양식 위치
1. 보육실습 확인서	학과장 직인을 받아야 함	실습일지 부록 또는 학과 홈페이지 공지사항
2. 보육실습 간접실습확인서	• 간접실습을 진행한 경우만 해당 • 학과장 직인을 받아야 함	학과 홈페이지 공지사항
3. 간접실습 이수증	• 간접실습을 진행한 경우만 해당	간접실습을 이수한 사이트에서 발급
4. 실습기간 변경 사유서	• 기간변경이 있었던 경우만 해당	학과 홈페이지 공지사항
5. 방과후 운영 확인서	• 방과후 유치원에서 보육실습(또는 병행실습)을 했거나, 보육실습한 어린이집이 어린이집 지원시스템에 등록되어 있지 않은 경우, 본 서류를 유치원/어린이집으로부터 받아야 함	실습했던 기관
6. 지도교사 1급 자격증 사본		
7. 기관 인가증(인가서) 사본		

※ 위 서류는 보육교사 자격증 발급을 위해 개인이 잘 보관하고 있다가 졸업 후 보육진흥원에 제출해야 하는 서류임.

※ 보육실습 확인서와 간접실습확인서는 반드시 학과장 직인이 찍혀 있어야 하므로 아래의 내용을 참고하여 학과장 직인을 받아야 한다.

3) 보육교사 자격증 신청절차

졸업 후 한국보육진흥원 홈페이지에서 자격증 신청을 하고, 수수료를 결제한 후 본인이 보관했던 서류들을 등기우편으로 보낸다. 신청현황을 확인한다.

분할 실습한 경우에는 실습기간 1과 실습기간 2로 나누어진 보육실습 확인서를 각각 2장을 출력하여, 그리고 2장의 보육실습 확인서에 각각 기관장 직인과 학과장 직인을 받아 보육인력개발에 제출해야 한다.

생각해 봅시다

1. 정규 실습이 왜 중요할까요?
(정규실습에서 경험하게 되는 내용을 정리해 보고, 정규실습의 중요성에 대하여 생각해 봅시다.)

2. 실습생의 마음가짐과 바른태도에 대한 준비는 어떻게 해야 될까요?

3장

실습 프로그램의 구성과 운영

유아교육의 질적 향상을 위해서는 유아교사의 전문성 향상이 동반되어야 한다. 유아교사의 자질 향상을 위해서 교사양성기관에서의 교육이 강조되고 있는데, 그 중 하나로 체계적 실습이 운영되어야 하며, 실습과정을 통한 교사양성기관과 유아교육기관과의 유기적 관계가 중요하다고 할 수 있겠다.

이에 본 장에서는 교사양성기관에서의 효율적인 실습 프로그램 운영 방향, 실습 프로그램의 구성, 실습지도 담당자의 역할과 자세 및 실습 프로그램 실제 운영 과정에 대하여 살펴보고자 한다.

1 실습 프로그램 운영의 방향

실습의 효과를 보다 극대화시키기 위해서는 다음과 같은 조건들이 충족돼야 한다.

첫째, 유아교사를 위한 실습에 대해 실습 관계자들의 올바른 인식 정립이 선행되어야 한다.

목표 달성을 위한 내용과 방법의 결정은 그 일을 어떻게 인식하고 있느냐가 중요하다. 따라서 모든 행동이 그러하듯 실습에 대해서 '왜'라는 물음이 선행되어야 하고, 그 물음에 대해 실습 관계자들은 분명하게 답할 수 있어야 한다. 즉, 실습을 하는 구체적이고 확고한 목표가 설정되어 있어야 한다.

둘째, 실습은 실습 관계자 및 관계 기관의 충분한 협력 체제 속에서 이루어져야 한다.

실습이 이루어지는 유아교육기관 사이의 상호 이해와 협조는 필수적이다(박은혜, 2015; 임승렬, 2014). 실습이 유아교사의 질적 수준을 높이는 데 효율성을 갖기 위해서는 대학의 담당교수와 유아교육기관의 원장, 실습지도교사 및 동료교사 등 실습관계자 각자의 역할을 가지고 모두가 적극적으로 참여하여 충분한 토의와 협의를 거쳐 적절한 계획을 세우고, 그에 따라 실행되고 평가되어야 한다.

셋째, 실습의 여건 조성은 예비유아교사의 이해에 기초해야 한다.

예비유아교사는 아직도 유아교사로서의 자아상 확립이나 직업의식이 정립되지 않은 상태이므로 실습 초기의 환경 변화에 따르는 갈등, 불확실, 낯선 새 환경 등에 불안감을 갖게 된다. 예비유아교사의 자신감을 강화시킴으로써 불안감을 해소하게 하는 실습 관계자의 각별한 노력이 계속되어야 한다.

넷째, 실습은 실습지도교사의 지도 의욕을 높일 수 있도록 구성되어야 할 뿐 아니라, 이에 참여하는 실습지도교사는 자질이 우수해야 하며 반성적 사고의 특성을 지니고 있어야 한다.

예비유아교사를 지도하는 유아교육기관의 입장에서는 개별 예비유아교사의 특징에 따라 적절하고 유능한 실습지도교사를 선정하고 실습지도교사는 그 역할을 효율적으로 수행하도록 하는 것이 중요하다(김정신, 박성미, 2009; 전경화, 허윤정, 한남주, 2006; Glenn, 2006). 유아교사의 전문성 발달을 위해 반성적 사고는 필수적이므로 실습지도교사가 예비유아교사에게 반성적 사고를 길러주는 역할은 매우 중요하다. 훌륭한 유아교사가 아동에게 민감하듯이 실습지도교사는 예비유아교사에게 민감하여야 한다.

다섯째, 실습은 예비유아교사의 관심과 참여도를 높일 수 있도록 운영되어야 한다.

어떤 일이든 당사자의 적극적인 참여 없이 좋은 성과를 거두기는 어렵다. 실습에 있어서도 예비유아교사의 자발적이고 적극적인 참여의식이 정립되어야 한다. 예비유아교사의 흥미와 욕구를 불러일으킬 수 있는 과정이 마련됨으로써 반복과 강화가 이루어지고 그 심화를 통해 보다 효과를 거둘 수 있기 때문이다.

여섯째, 실습은 적절한 평가가 이루어지고 그 결과가 활용되어야 한다.

유아교사양성교육 목적에 따른 예비유아교사의 자질과 능력, 실습 효과를 진단하는 평가가 이루어져 운영 개선, 사후의 지도 자료를 제공할 수 있어야 한다. 그리고 그 평가가 전체적인 과정에서 이루어질 때 그 효과는 더욱 크며, 이는 유아교사양성교육 전체의 평가에 직결되는 중요성을 갖는다. 실습의 평가를 보다 효율적으로 하기 위해서 실습지도교수와 실습지도교사, 그리고 예비유아교사가 공동 참여하는 평가 기회를 갖는 것이 바람직하며 적절한 평가준거가 마련되어야 한다. 실습지도교수나 실습지도교사가 예비유아교사에게 가장 바람직하다고 생각되는 교수행동을 일방적으로 가르치려고 하는 것보다는 예비유아교사로 하여금 스스로 교수행동을 배우고 개선하려는 의지가 필요하다. 대학의 실습지도교수, 유치원의 원장 및 실습지도교사, 그리고 예비유아교사의 적극적이고도 강력한 협력관계 속에서 실습에 대한 올바른 인식과 그 효율적 수행을 위한 자체 노력이 무엇보다 선행되고 강화되어야 한다.

2 실습 프로그램의 구성

1) 실습 프로그램의 구성 조건

실습을 효과적으로 수행하기 위해서는 주어진 기간 동안 예비유아교사들이 최대한의 경험을 할 수 있도록 실습의 내용 및 방법뿐 아니라 세부적인 사항에 이르기까지 대학과 유아교육기관이 함께 협력하여 사전에 철저한 계획을 수립하여야 한다. 예비유아교사들이 이론을 배운 대학과 실제를 경험하게 될 유아교육기관 간의 차이를 최대한 극복하고 최선의 실습의 효과를 달성하려면, 무엇보다도 대학과 유아교육기관이 함께 협력을 통해 실습 프로그램을 구성하여야 한다. 따라서 실습의 취지 및 목적을 바르게 인식하고 서로의 요구사항 및 여건을 이해시키며 주어진 조건 하에서 실습생들에게 최선의 경험을 제공해 줄 수 있도록 실습의 목표를 결정하고, 실습의 내용 및 방법과 평가기준 및 방법들을 결정하여야 하며, 실습지도를 위한 각자의 역할을 명료화하여야 한다(김정희 외, 2017).

실습 프로그램의 운영은 이상을 바탕으로 예비유아교사에게 실질적인 도움이 되도록 해야 할 것이다. 이를 위해 실습을 위한 프로그램을 구성하는 데 다음과 같은 조건들이 충족되어야 한다.

첫째, 실습 프로그램은 유아교사양성교육 목표와 일관성을 갖고 유기적이며 통합적인 학습이 될 수 있게 구성되어야 한다.

실습은 일차적으로 실습 목표를 성취하도록 구성되고, 나아가서는 유능한 유아교사양성이라는 기본 교육목표를 달성할 수 있도록 교육과정과의 일관성 있는 교육내용이나 교육활동을 실습생이 경험할 수 있도록 계획되고 수행되어야 한다.

둘째, 실습 프로그램은 실습생으로 하여금 다양한 경험을 할 수 있도록 구성되어야 한다.

실습에서 겪는 경험이 실무에서 겪는 경험과 같을수록 훌륭한 실습이 된다. 예비유아교사가 실습기간 중에 최대한으로 다양하고 풍부한 경험을 할 수 있도록 실습 프로그램이 짜여야 한다. 또한 학습활동만을 중심으로 한 실습보다는 실무를 함께 경험할 수 있도록 다양하게 실습이 전개되고 있는 것이 여러 이유에서 그 합리성을 인정받고 있다. 초등학교 교육과 유아교육 간의 연계성을 고려하여 초등학교 저학년 교육을 살필 수 있는 기회를 갖는 등 폭넓은 경험이 필요하다. 따라서 실습에서도 경험교육의 중요성은 강조되어야 한다.

셋째, 실습 프로그램은 깊이 있는 경험을 할 수 있도록 구성되어야 한다.

예비유아교사는 실습을 통해 반성을 통한 실천적 지식의 구성을 통해 자신의 방법을 개발하도록 격려해 줌으로써 실습생의 흥미와 욕구를 더 불러일으킬 수 있다. 따라서 단순한 모방 위주의 기본 실습에서 벗어난 실습생의 창의적 활동이 강조되는 응용실습이 권장되고 있다. 예비유아교사는 실습기간 중에 일상적인 역할 수행에 그치지 않고, 자신이 생각하는 새로운 유아교육이론의 실험이나 적용을 통해 현장에서 필요한 다양한 지식을 구성해 나감으로써 유아교육에 대해 더 관심을 갖게 된다.

넷째, 실습 프로그램은 미래 지향적으로 구성되어야 한다.

예비유아교사는 '현재의 유아교사'가 아니고 미래 사회의 발전 상황에 영향을 받고, 또 영향을 미치는 '미래의 유아교사'이다. 예비유아교사들은 현재와 다른 교육현장에서 직무를 수행하게 될 것이라는 점을 항상 고려해야 한다. 따라서 현재 수행되는 제반 교육활동만이 아니라, 새롭게 모색되고 있는 교육개선 방향에 따른 새로운 이론의 적용과 새 기술의 활용과 같은 경험을 할 수 있어야 한다. 그러나 예비유아교사들이 지금 필요한 것에 더 관심을 갖고, 또 그것으로 인해 자신의 행동에 영향을 받는다는 점을 고려하여 현재의 필요가 우선적으로 충족될 수 있어야 한다는 점도 중요하다.

다섯째, 실습 프로그램은 유아교사로서의 자세뿐 아니라 긍정적인 자아상을 형성해 나갈 수 있도록 구성되어야 한다.

유아교사로서 긍정적인 자아상을 가진 유아교사일수록 어떤 문제에 당면했을 때보다 적극적이고 긍정적인 방법으로 해결을 하는 양상을 보인다(정현숙, 2017). 실습 중의 모든 공식적인 활동을 통해서 뿐 아니라 비공식적 대인관계(즉, 예비유아교사 대 원장, 실습지도교사, 동료 예비유아교사, 원아, 학부모, 기타 여러 관계)와 거기에서 비롯되는 상호작용을 통해서도 유아교사로서의 이상적이고 긍정적인 자아상을 형성해 나간다. 그러므로 실습시간 중에 예비유아교사 스스로가 자신의 자질을 점검하고 평가하며 유아교사로서의 자세를 가다듬고, 나아가 인간적인 성장의 계기가 되도록 유아교사 이야기나 저널 등을 이용하여 실습관계자들과 토의할 수 있는 기회를 제공하고 배려를 해주어야 한다.

여섯째, 실습 프로그램은 효율적으로 목표에 도달할 수 있도록 적절한 단계가 설정되어야 한다.

실습 역시 목표 달성에 타당한 실습내용을 선택하고 조직하여야 함은 물론이고, 그러한 내용을 효과적으로 경험할 수 있도록 적절한 단계가 설정되어야 한다. 같은 내용이라도 방법과 과정에 따라 그 효과가 달라질 수 있기 때문에 실제 학교상황에 입각한 자세를 갖추어 나갈 수 있도록 실습생 개인의 감정상태, 개인차를 고려하여 곤란도·복잡성이 단계적으로 증감될 수 있도록 구성되어야 한다.

2) 실습 프로그램의 목표

유아교사양성교육에서의 실습의 목적은 교직의 전문성, 즉 유아교사의 전문적 기능을 육성하는 데 있는데, 다음의 목표를 이루기 위해 실시되어야 한다.

- 학급경영 등과 관련하여 유아교사 직무를 경험해 보게 한다.
- 유아와 직접적으로 다양한 상황에서 상호작용해 볼 수 있게 하여 유아교사로서 필요하고 적합한 태도와 능력, 나아가 상황에 적절한 실천적 지식을 형성해 본다.

유아교사의 현실적 역할과 기대되는 역할에 중점을 두고 그러한 유아교사의 전문적 기능으로서의 구체적 역할들이 실습기간 중에 경험되어야 하며, 그것이 실제 유아교사 역할 수행에 필요하다는 점이 구체적으로 제시되어야 한다.

3) 실습 프로그램의 내용

실습의 목표를 효율적으로 달성하기 위해서는 그 목표를 바탕으로 한 체계 있고 일관성 있는 내용이 과정으로 마련되고, 실습생에게 계획적으로 제공되어 그것을 경험할 수 있게 해야 한다. 앞의 구체적 목표를 근거로 할 때, 실습에서 예비유아교사들이 실습하게 되는 내용은 다음과 같다(윤기영 외, 2011).

(1) 교육활동 계획자로서의 경험

- 교육활동계획 수립 및 내용 분석 파악
- 교육목표에 따른 활동내용 선정·조직
- 통합적 교육활동계획안 작성
- 교육활동을 위한 계획과 협의
- 유아 실태 파악

(2) 교육활동 수행자로서의 경험

- 교육활동의 다양한 전개 및 분위기 조성(동기유발)
- 교구 및 교재의 선정과 제작·활용
- 유아교육 수준에 적합한 바른 언어사용 및 복장·태도
- 효과적인 교수법(개인 및 집단)

(3) 교육활동 평가자로서의 경험

- 유아 발달에 대한 이해 검증
- 교육목표·내용·방법의 평가
- 활동목표에 따른 성취도 평가

- 여러 가지 조사측정 및 평가방법 적용
- 평가결과 해석처리

(4) 생활지도자로서의 경험

- 유아행동의 관찰 및 진단, 그리고 자료수집(문제발견능력)
- 상담활동 및 기타 심리요법 적용활동
- 생활지도계획 작성과 운영
- 유아의 생활습관 및 예의규범 형성지도
- 가정과의 연계성 있는 생활지도

(5) 학급 경영자로서의 경험

- 학급진단의 특성 파악과 그에 따른 지도
- 학급환경 구성 및 시설정비, 학급사무 처리
- 아동간식 처리 및 지도

(6) 유아교육기관과 지역사회 연계자로서의 경험

- 유아교육기관과 가정과의 연계(가정통신문 처리)
- 지역사회 특성에 맞는 프로그램 개발 및 역할수행
- 지역사회 자원의 교육적 활용 등

(7) 교직 수행자로서의 경험

- 교육현장 실태 파악, 현장교육 연구
- 유아교사의 역할과 자세 파악
- 자신의 교육자적 자세평가 및 능력검증
- 현직연수 및 교사협의회 참가

3 실습지도 담당자의 역할과 자세

1) 실습지도교수의 역할과 자세

(1) 실습지도교수의 의미

실습지도교수는 실습생이 소속한 대학과 유아교육기관장 및 실습지도교사를 포함한 실습 유아교육기관 측의 협조를 얻어 실습의 계획에서부터 사전지도, 운영, 순회지도, 평가 및 사후지도와 처리에 이르기까지 총체적 책임을 지는 중요한 위치가 된다.

또한 유아교사양성기관(대학)과 실습기관(유아교육기관)의 중개자 위치가 된다.

(2) 실습지도교수의 역할 및 자세

실습지도교사의 역할이 실제 현장에서 주로 이루어지는 데 비해, 실습지도교수의 역할은 실제 현장에서 예비유아교사들이 경험하는 여러 가지를 이론적 근거에서 설명해 주는 역할을 한다고 볼 수 있다.

실습지도교수의 역할은 유아교사양성과정에서 대학과 실제 교육현장이 각각의 기능을 다할 수 있도록 도와준다. 대학의 유아교사양성 프로그램에서 기대하는 실습목표가 현장에서 제대로 달성될 수 있도록 실습지도교사를 도와 예비유아교사들이 실제 현장에 잘 적응하도록 하며, 예비유아교사들의 변화와 발전을 평가하는 역할을 하고, 예비유아교사들의 의견을 수렴하여 대학과 현장 간의 갈등을 조정해 주는 역할을 한다.

- 대학의 유아교사양성 프로그램에서 기대하는 실습의 목표가 현장에서 제대로 달성될 수 있도록 실습지도교사와 실습생을 도와 실습을 계획한다.
- 예비유아교사들이 실제 현장에 잘 적응하도록 예비유아교사들의 의견을 수렴하여 대학과 현장 간의 갈등을 조정해 준다.
- 실습상황을 관찰, 파악, 평가하고 피드백을 준다.
- 유아교육기관 측의 실습지도교사와 공동 연구를 수행하기도 하고, 그들의 현직

연구를 지도하거나 돕는다.
- 예비유아교사들의 실습결과를 평가한다.

결국 실습지도교수의 역할은 대학의 유아교사양성 프로그램에서 기대하는 실습의 목적이 달성될 수 있도록, 또 예비유아교사들이 실습을 통하여 바람직한 경험을 할 수 있도록 실습지도교사와 협력하여 예비유아교사들을 지도하는 것이라 할 수 있다. 따라서 실습지도교수도 실습지도교사와 마찬가지로 실습생 지도 시에 실습을 통해 예비유아교사들이 배워야 하는 것은 유아교사가 보여주는 교수기술이 아니라는 것을 강조하여야 한다. 즉, 유아교사가 실제 현장의 특정 상황에서 어떤 태도로, 어떤 자료들을 근거로 하여, 어떤 판단을 내리며, 이를 어떻게 실행에 옮기는지를 배워야 한다는 것을 정확히 알려 주고, 또 실습기간 동안 예비유아교사들이 그것을 배울 수 있도록 적절한 지도를 하여야 한다.

2) 원장의 역할과 자세

(1) 원장의 의미

원장이란 유아교육기관의 전반적 운영에 대한 책임을 지며 기관을 대표하는 행정가이다. 특히 실습에서 원장은 대학 측과의 원활한 협의를 바탕으로 유아교육기관에 배정된 실습생의 실습과정을 지도 및 감독하고, 실습지도교사를 감독하는 등 다양한 역할을 수행하고 책임을 지는 위치이다. 원장의 실습관이나 실습생에 대한 반응은 유아교사양성교육에서 상당한 의미를 갖는다. 따라서 원장은 대학 측과의 협력관계를 유지하여 효율적인 실습의 운영을 위해 노력해야 할 것이다.

(2) 원장의 역할 및 자세

유아교사양성을 위한 실습을 위해 원장에게 다음과 같은 역할이 요구된다.

- 대학 측과 실습 계획을 협의한다.
- 실습이 충실히 수행될 수 있도록 분위기를 조성하고, 교직원, 학부모 및 원아 등 관계자의 이해와 협조를 구한다.

- 예비유아교사에게 유아교육기관 현황 및 지역사회 관계, 그리고 유아교육시설 운영방침, 실습지침 등에 관해 설명한다.
- 예비유아교사들을 지도하고 조언해 주며 상담해 준다.
- 실습 운영 중에 대학의 실습지도교수 및 실습지도교사들과 협의회를 갖는다.
- 예비유아교사 평가를 협의하고 지도한다.

3) 실습지도교사의 역할과 자세

(1) 실습지도교사의 의미

유아교사의 책임은 보통 유아를 위한 프로그램 계획과 수행, 활동 영역 배치, 다양한 영역에서의 유아 성장에 대한 관찰과 기록, 간식과 점심 준비, 그리고 실외 놀이지도 등이다. 또한 유아교사는 비록 주임교사나 원장 또는 전문가에 의해 장학지도를 받는다 해도 그들 스스로가 장학에 대한 책임을 갖는다.

특히 예비유아교사 지도에서 유아교사는 성공적인 실습의 관건이 된다. 실습지도교사는 예비유아교사의 모델이 되며, 유아교육현장에서 실습의 실제를 직접적, 개별적으로 지도, 평가, 감독하는 위치이기 때문이다.

(2) 학교현장실습 지도교사의 역할 및 자세

실습지도교사는 예비유아교사의 모든 일과를 지도, 관찰, 평가하는 핵심적 역할을 한다. 예비유아교사에게 다양한 수업 사례들을 직접 보여줌으로써 예비유아교사들의 교수-학습방법을 강화하고, 예비유아교사들이 자신의 행위에 대해 반성하도록 안내하여야 한다. 또한 여러 가지 상황에 대한 조언을 하는 역할을 하게 된다(김현자, 2007; 전경화, 허윤정, 한남주, 2006). 실습지도교사의 역할과 관련한 선행연구들을 보면(김현자, 2007; Fairbanks & Merrit, 1998), 예비유아교사들이 실습지도교사를 모델로 직무수행 방식을 익힌다고 하며, 실제 예비유아교사들은 실습지도교사를 모델로 많이 인식한다고 한다. 실습지도교사는 예비유아교사들이 여러 가지의 다양한 경험을 해 볼 수 있도록 계획을 세우는 것, 유아교사로서 갖추어야 할 능력, 태도 및 대인관계의 기술시범, 그리고 실습생들의 행동을 관찰하여 평가 및 지도하기 등에 대한 정보를 제공한다. 또한 그들은 적절한 교수행동 시범보이기, 교수와 관계되는 지식과 기술 가르치기,

예비유아교사들의 의견을 수용하고 이에 대해 적절히 지도하기, 실습생들이 융통성 있고 개방적인 태도를 갖도록 격려를 하게 된다. 뿐만 아니라, 송연숙(2008)의 연구에서도 예비유아교사가 지각한 실습지도교사의 역할수행에 관해 조사하였는데, 예비유아교사가 지각한 실습지도교사의 역할수행은 예비유아교사-유아, 예비유아교사-유아교사 간의 관계증진, 예비유아교사 평가지도, 교수활동지도, 실습안내지도의 순으로 나타났다. 그 외에도 예비유아교사에게 성장기회를 제공하는 역할도 많이 수행한 것으로 나타났다.

실습지도교사로부터 받은 인상을 통해 교육현장을 판단하게 되고, 실습지도교사와 형성하게 되는 신뢰로운 관계를 통해 교수전략을 함께 의논하고 또한 이를 실제 수업에 도입해 볼 수도 있게 된다(O'Brian, Stoner, Appel, & House, 2007). 이들의 견해를 요약하여 실습지도교사의 역할을 정리해 보면 다음과 같다.

- 예비유아교사들이 실습기간 동안 어떤 경험을 할 것이며, 그들 경험을 통해 어떤 것들을 지도할 것인가에 대한 계획을 한다.
- 유아교사로 갖추어야 할 교수기술이나 능력, 태도, 대인관계의 기술에 대한 시범을 보여준다.
- 예비유아교사들이 작성한 교육활동계획안을 사전에 검토·수정하며, 필요한 제안을 해주고 반성적 사고의 기회를 준다.
- 예비유아교사들이 일과를 진행할 때 적절한 도움을 준다.
- 실습이 진행되는 동안 예비유아교사들의 행동이나 태도 등을 관찰하여 평가한다.

이상에서 살펴본 바와 같이, 학교현장실습 지도교사의 역할은 예비유아교사가 새로운 학급환경에 적응하는 것을 돕기 위해 정보를 제공하고 여러 가지 교수나 자료를 사용하는 것을 돕는 실습안내자, 아동과 학습과정에 대해 알게 하고 점차 실습에 참여하게 하는 교수행동으로의 도입자, 실제 교수를 위한 기술 개발과 사용을 돕는 행동지도자, 예비유아교사들의 행동을 관찰하고 적절한 평가를 해주는 평가자, 예비유아교사의 실제 교수과정을 돕고 협력하는 협력자, 그리고 예비유아교사로 하여금 자신의 독특한 교수행동을 탐색해 보게 하고 그들과 개인적인 관련을 통해 예비유아교사의 정서적 욕구에 반응해 주는 지지자의 역할이라는 것을 알 수 있다.

물론 실습지도교사가 보인 시범을 모방하는 것이 때로는 꼭 필요하며, 또 같은 대상의 유아들을 같은 환경에서 가르치므로 예비유아교사들이 실습지도교사의 교수법을 그대로 모방하여도 별 문제가 없을 수도 있다. 예비유아교사들에게 필요한 것은 실습지도교사가 어떤 상황에서 어떠한 지식과 정보를 근거로 어떻게 문제를 해결했는가의 방법을 배우는 것이지, 그 구체적인 해결책을 배우는 것이 아니다(염지숙, 2003). 따라서 실습지도교사는 실습기간을 통해 자신의 교수기술을 보여주되, 실습지도 시 예비유아교사에게 강조해야 하는 것은 "왜 그런 상황에서 그런 기술이 필요하며, 유아교사로서 어떻게 그 상황에서 그런 기술을 이끌어 낼 수 있었는가"이다. "단편적인 교수기술의 시범보다는 유아교사로서 어떻게 실천적 지식을 형성하며 끌어내는가를 보여주는 것"이 실습지도교사의 역할인 것이다.

(3) 보육실습 지도교사의 역할과 자세

보육실습 지도교사는 보통 영유아를 위한 프로그램 계획과 수행, 활동 영역 배치, 다양한 영역에서의 영유아 성장에 대한 관찰과 기록, 간식과 점심 준비 그리고 실외 놀이지도 등의 역할을 수행한다.

예비유아교사를 지도하는 보육실습 지도교사는 예비유아교사의 모든 일과를 지도, 관찰, 평가하는 핵심적 역할을 담당하고 있다. 이로 인해 실습지도교사는 예비유아교사의 교수방법, 가치관, 태도 등에 막대한 영향을 미치게 된다(정현숙, 2017). 실습지도교사는 첫째, 예비유아교사를 성인학습자로 인식하여 예비유아교사를 존중하고 협동하며 자유롭게 표현할 수 있는 분위기를 제공해야 한다. 둘째, 예비유아교사들이 실습기간 동안 어떠한 경험을 할 것이며 이들 경험을 통해 어떤 것을 지도할 것인가에 대한 계획을 세우고 교사로 갖추어야 할 보육기술이나 능력, 태도, 대인관계 기술 등에 대한 모델을 보여주면서 예비유아교사들을 전문적으로 지원해야 한다. 셋째, 효율적인 의사소통을 바탕으로 예비유아교사를 평가하기보다는 실습생의 장점을 파악하여 지지하고 칭찬해 주며 예비유아교사의 이야기에 귀 기울여주는 신뢰롭고 개방적인 관계를 형성해 나가야 한다.

보육실습 지도교사는 예비유아교사들이 실습기간 동안 어떤 경험을 할 것이며, 그들 경험을 통해 어떤 것들을 지도할 것인가에 대해 계획을 하고, 보육교사로서 갖추어야 할 보육기술이나 능력, 태도, 대인관계의 기술에 대한 시범을 보여주어야 한다.

표 3-1 보육실습 지도교사의 단계별 역할

구분	역할
실습계획 단계	• 보육교사 양성교육 기관의 교사양성 목표, 실습기관의 여건을 고려하여 실습지도교수와 실습지도교사가 실습의 내용 및 과정 등 계획
실습지도 단계	• 보육교사의 역할에 대한 시범 보여주기 • 각종 보육계획안 검토 및 수정 • 일과 진행 시 적절한 도움 주기
실습 마무리 단계	• 보육실습이 진행되는 동안 관찰한 예비유아교사들의 행동 및 태도 등과 제출한 과제물을 토대로 평가

출처: 김정희 외(2017). p.42.

보육실습 지도교사는 예비유아교사들이 가능한 많은 것을 경험하고 배울 수 있도록 배려해 주어야 한다. 이에 따라 보육실습 지도교사의 기본자세는 다음과 같다.

- 보육실습에 대해 깊이 이해하고, 성공적인 보육실습의 관건이 실습지도교사에게 있음을 항상 유념해야 한다.
- 예비유아교사에 대한 지도와 관리를 철저히 하고 모든 면에서 보육교사로서의 모범을 보인다.
- 실습지도교사로서의 전문기술을 최대한 발휘하고, 자기연수 및 연구를 통해 타당하고 구체적인 지도와 조언을 한다.
- 보육실습일지를 비롯한 각종 기록물을 성실히 검토하고 친절하게 지도와 조언을 한다.
- 예비유아교사의 창의적 노력 및 성취감과 자신감을 북돋워 주고, 보육교사에 대한 좋은 인상을 갖도록 열의를 보인다.
- 예비유아교사가 언어, 태도, 복장, 행동규정 엄수 등에 유념하도록 지도와 조언을 한다.
- 예비유아교사가 학급경영을 포함한 어린이집 현장의 제반 영역에서 두루 경험을 쌓을 수 있도록 수용적 분위기를 조성하고 조력한다.
- 보육실습 평가는 각종 기록과 자료를 토대로 하여 객관적으로 공평하게 하여야 한다.
- 보육실습과정에서 야기되는 문제를 발견하게 되면 실습관계자들과의 토의를 통

해 해결해 나가기 위해 실습지도교수 및 원장 그리고 동료교사들과의 긴밀한 협조체제를 갖춘다.

4 실습 프로그램 운영의 실제

1) 학교현장실습 프로그램 운영

(1) 학교현장실습의 준비

효율적 학교현장실습을 위해서는 유아교육현장의 실습지도교사들과 대학이 함께 참여하고 준비하여 철저한 계획과 준비를 하고, 함께 결정과정에 참여하는 등 보다 적극적인 역할을 해야 한다.

실습지도교사 및 원장, 실습지도교수, 예비유아교사, 상호 간의 요구와 실습내용에 대한 협의를 통한 실습준비

⇕

실습지도교사 및 원장의 준비
- 실습에 대한 의식
- 예비유아교사의 실습에 대한 요구조사(실습목표, 일정, 실습생 배치)
- 예비유아교사의 역할에 대한 협의

예비유아교사의 준비
- 실습에 대한 의식
- 실습기관의 요구 및 특징 이해
- 실습에 대한 저널 쓰기를 통한 자신의 분석

실습지도교수의 준비
- 실습에 대한 의식
- 예비유아교사와 실습기관 요구 간의 협의를 통한 실습의 효율성 증진

그림 3-1 실습준비

① 실습 지도계획

대학으로부터 실습에 대하여 공문이 왔을 때 실습지도교사는 예비유아교사로 하여금 실습이 원활히 이루어지도록 치밀하게 계획한다. 교육활동 계획안이나 교구제작, 또는 교구 제작 활용에 대한 것, 수업협의나 수업평가, 그리고 예비유아교사의 자기평가 등 유아교육기관에서 나름대로의 약식을 제시하도록 한다. 또한 유아교육기관의 실내·외 건물 배치도, 교직원 명단(유아교육기관 경영 조직 및 업무담당), 일과 운영표, 행사 일정표, 학급 편성표, 실습 일정표, 예비유아교사 지도방침, 예비유아교사의 준수사항 및 유의사항 등 세부적인 사항으로 실습에 대한 지침서를 준비하도록 한다.

표 3-2 주간교육계획안

실습생	담임	원장

주간 교육일지

반 주간 교육일지 (만 세)					
기 간	년 월 일 ~ 월 일				
이번 주 교사의 기대					
요일 일과	월	화	수	목	금
등원 (: ~ :)					
오전간식 (: ~ :)					
오전 실내놀이 (9:20~10:40)					
활동 (: ~ :)					
바깥놀이(대체) (: ~ :)					
점심식사 (: ~ :)					
낮잠 및 휴식 (: ~ :)					
오후 놀이 (: ~ :)					
오후간식 (: ~ :)					
귀가 (: ~ :)					
놀이 평가 및 다음날 지원계획					
반 운영 특이사항					
*실습하고 있는 유치원 주간교육일지를 기록하거나 복사하여 첨부 가능					

표 3-3 일일교육계획안

실습생	담임	원장

일일 교육일지

<table>
<tr><td colspan="3">반 교육일지 (만 세)</td></tr>
<tr><td>날 짜</td><td colspan="2">년 월 일 날씨:</td></tr>
<tr><td>교사의 기대</td><td colspan="2"></td></tr>
<tr><td>일과(시간)</td><td>계획 및 실행</td><td>예상되는 놀이 평가 및
다음날 지원 계획</td></tr>
<tr><td>등원
(: ~ :)</td><td></td><td rowspan="10"></td></tr>
<tr><td>오전간식
(: ~ :)</td><td></td></tr>
<tr><td>오전 실내놀이
(: ~ :)</td><td></td></tr>
<tr><td>활동
(: ~ :)</td><td></td></tr>
<tr><td>바깥놀이(대체)
(: ~ :)</td><td></td></tr>
<tr><td>점심식사
(: ~ :)</td><td></td></tr>
<tr><td>낮잠 및 휴식
(: ~ :)</td><td></td></tr>
<tr><td>오후 놀이
(: ~ :)</td><td></td></tr>
<tr><td>오후간식
(: ~ :)</td><td></td></tr>
<tr><td>귀가
(: ~ :)</td><td></td></tr>
<tr><td>실습생 자기 성찰</td><td colspan="2"></td></tr>
<tr><td>지도교사 조언</td><td colspan="2"></td></tr>
<tr><td colspan="3">*실습하고 있는 유치원 교육일지에 따라 수정 가능함. 수정하여 작성할 수 있음
만약 교육일지 양식이 수정되었다고 하더라도 실습생 자기성찰 및 지도교사 조언 부분은 삽입하여 작성하도록 함</td></tr>
</table>

② 예비유아교사 오리엔테이션

예비유아교사가 실습에 임하기 전에 보다 효과적인 실습이 될 수 있도록 하기 위해서 사전에 예비유아교사와 협의하는 시간을 마련하도록 한다.

- 유아교육기관 교육의 연혁, 교육 이념, 운영방침, 유아교육기관의 학급 편성, 유아교육기관 건물의 배치, 시설 설비, 비품에 대한 설명 및 사용 규칙, 교직원 현황 및 조직, 실습 일정, 실습생 근무상의 유의사항(출퇴근 시간, 복장, 말씨, 태도, 점심), 평가방법 등에 대해 이야기한다.
- 각 반의 실습지도교사를 소개해 준다(실습지도교사 선택은 실습생에게 부여해도 좋고, 실습을 담당할 유아교사가 실습생을 선택할 수도 있다).
- 유아의 명단을 주고 그 반의 사항들을 자세히 가르쳐 준다(유아의 특징, 학급운영 방법, 교육계획안 등).
- 예비유아교사들의 질문사항들을 서로 토의하면서 실습이 잘 될 수 있도록 서로 노력하도록 약속한다.

③ 사전(관찰)실습지도

사전(관찰)실습은 예비유아교사에게 있어서 정규실습(수업 및 실무실습)을 위한 준비기간인 동시에 유아교육현장에의 첫 입성이라는 의미를 갖는다. 이 시기에 중요하게 다루어져야 할 실습내용은 관찰과 참여를 통한 수업 및 실무실습의 준비라고 볼 수 있다. 따라서 예비유아교사에게 충분히 유아의 발달과 교육과정의 운영, 교육기관이 교육철학, 학급운영 방법 등에 대해 관찰하고 이론과 어떻게 접목되는가를 이해하는 시간을 가질 수 있도록 한다.

관찰 시 처음에는 비참여관찰을 함으로써 피관찰자들의 반응에 상관없이 자세히 관찰에 몰입할 수 있도록 한다. 이때 하루일과의 운영, 유아교사의 지도방법 및 태도, 유아들의 행동 유형 등 관찰내용을 유목화하여 자세히 관찰하고 기록하도록 한다. 비참여관찰 기간이 지나면 직접 유아들과 생활하면서 관찰하는 참여관찰을 통하여 보다 구체적으로 교수활동과 유아의 반응을 관찰할 수 있도록 한다. 사전실습 시 실습생은 능동적인 보조자의 역할을 성실하게 수행함으로써 유아교사의 능력과 태도를 익히게 되어 정규실습에서 발생할 수 있는 시행착오를 줄일 수 있다. 실습지도교사는 예비유아교사에게 이전에 이루어졌던 실습 일정표, 정규실습을 하게 될 기간의 생활주제, 부분수업의 활동내용과 활동의 선정기준, 부분수업 활동계획안 작성방법, 자료 수집의 방법, 적절한 교재·교구 등에 대한 정보를 제공해 주어 미리 관심을 갖고 준비하도록 한다.

(2) 학교현장실습의 실제

대학과 유아교육기관과의 협력을 통한 예비유아교사의 전문성 증진을 위한 효율적인 수업지도는 대학에서 배운 이론과 유아교육현장에서 이루어지는 실제의 통합성 측면에서 이루어져야 한다. 이론과 실제의 차이를 줄이기 위해서는 유아교사와 예비유아교사가 교수 계획안을 함께 협의하고 분석하며, 협력의 과정이나 실습의 과정에 대한 지속적인 자기평가나 형성평가를 위해 다양한 자료를 수집하고 이를 공유하는 것도 중요하다. 특히 협력팀 구성원이 서로 도움을 주고받고 실습생의 수업이나 시범수업에 대한 분석뿐 아니라 예비유아교사, 실습지도교사, 실습지도교수가 함께 교수계획안을 작성하고, 이 계획안에 따라 예비유아교사와 실습지도교사가 수업을 한 후 이를 함께 분석하는 임상장학의 기법을 활용할 수 있다. 또한 예비유아교사(실습지도교사)가 수업을 할 때 실습지도교사(예비유아교사)가 실제 수업지도에서 제시한 각 수업의 평가척도를 활용하여 체크한 후, 수업에 대한 평가를 할 때 단편적인 교수기술에 대한 분석보다는 기본원리와 이론에 대한 반성적 사고와 토론을 통한 수업지도를 해야 한다. 수업지도는 실습생이 어느 정도의 활동을 수행하는가에 따라 부분수업과 연결수업, 종일수업으로 나누어 볼 수 있다.

부분수업을 지도할 때 가장 중요한 것은 교육계획안 작성이다. 따라서 실습지도교사는 예비유아교사에게 각 활동의 목표와 지도방법, 자료 제작 등에 대해 충분히 토의하며, 필요에 따라서는 이미 유아교육기관에서 제작된 수업자료를 제공해 줌으로써 실습생이 더 많이 연구하고 준비할 수 있도록 도움을 주도록 한다.

연결수업은 두 가지 이상의 활동들을 계속해서 지도하도록 하는 것이다. 실습지도교사는 여러 가지 활동들이 통합적인 접근과 운영에 대해 예비유아교사에게 정보와 도움을 주고, 활동 간의 자연스러운 전이와 확장방법, 주의집중 방법에 대해서도 구체적으로 제시해 주어야 한다.

종일수업은 정규실습을 종합하고, 마무리는 '실습의 핵심'이라고도 할 수 있다. 따라서 실습지도교사는 하루일과가 자연스럽게 진행될 수 있도록 세심한 지도와 조언을 해주어야 한다. 이때 예비유아교사로 하여금 부담을 주지 않도록 하며, 예비유아교사가 자신 있는 부분의 시간을 선택하여 그 시간을 공개할 수 있도록 배려하도록 한다.

수업지도에 있어서 실습지도교사는 먼저 시범수업을 보여주며 그 수업에 대해 실습지도교사와 예비유아교사가 이야기를 나누면서 예비유아교사가 수업에 적용하기 전에 주의할 점에 대해 충분히 토의한 후 모의수업을 통하여 수업에 대한 검토를 가진 후 수업에 임하도록 한다.

① 협의회의 진행

실습의 긍정적, 부정적 효과를 좌우하는 가장 중요한 점은 실습지도교사, 실습지도교수 및 예비유아교사 간의 협의회라고 볼 수 있다. 협의회는 이들 삼자 간 신뢰를 바탕으로 협동적인 분위기에서 효과적인 협의기술이 활용될 때에만 원하는 실습지도의 긍정적 효과를 이룰 수 있다. 따라서 실습과 실습지도의 목적에 대해 대학과 실습기관, 예비유아교사, 실습지도교수 및 유아교사 간에 충분한 의사소통이 이루어져야 한다.

따라서 예비유아교사가 실습을 통해 최선의 도움을 얻게 되려면 대학과 유아교육기관, 실습지도교수와 유아교사 간의 훌륭한 교수기술이 무엇인가에 대한 충분한 의사소통과 합의가 이루어져야 한다. 특히 실습지도교사는 예비유아교사를 바람직한 방향으로 이끌어 갈 수 있는 의사소통 능력이 있어야 한다.

협의회는 실습생이 수업에 임하기 전의 사전협의회와 수업을 하고 난 후의 사후협의회를 갖게 된다. 사전협의회는 실습생이 수업하기 전에 실시하는 것으로 다음과 같이 진행할 수 있다.

표 3-4 사전협의회와 사후협의회

구분	사전협의회	사후협의회
진행과정	• 협의회 목적 명확히 하기 • 선택된 문제토의 및 분석, 기본지식에 대한 정보제공 • 다음 단계 계획 협의 • 협의회 마무리	• 예비유아교사의 수업 후에 대한 감정 이야기 • 학습목표 달성 여부 토의 • 교수방법이 효과적이었는지 논의 • 다음 협의회 주제 정하기 • 협의회 마무리
논의내용	• 수업의 활동목표는 무엇인가? • 수업(활동)계획서는 있는가? • 어떻게 진행할 것인가? • 자료준비, 도입, 전개, 마무리 등 유아와 상호작용은 어떻게 하는가? • 그 외에 특별히 고려해야 할 사항은 없는가? • 어느 위치에서 선생님의 수업을 관찰하면 좋을까? • 도와드릴 것은 없는가?	• 자료준비나 동기유발 방법은 적절했는가? • 제시한 사진자료는 적절했는가? • 진행, 자료 준비 등은 적절했는가? • 교수방법의 어떤 점을 수정해야 한다고 생각하는가?

② 실습지도교수의 실습 유아교육기관 방문

대부분의 유아교육현장에서 이루어지는 4주 동안의 실습기간 중 실습지도교수는 예비유아교사의 실습 유아교육기관에 방문하여 지도하고 있다. 효율적인 실습지도가 되기 위해서는 실습지도교수의 방문에 대해 되도록 사전에 날짜와 시간을 정하도록 한다. 가능하면 예비유아교사가 연구수업을 하는 날을 정하여 수업을 참관하고 평가하는 기회를 갖도록 한다.

실습지도교수가 방문할 때 유아교사가 해야 할 일은 다음과 같다.

- 원장, 원감선생님께 인사 소개를 한다.
- 유아교육기관 실정 및 현황에 대해 설명한다.
- 예비유아교사의 그동안의 실습에 대한 태도 등을 이야기한다.
- 예비유아교사의 연구수업을 참관하도록 한다.
- 수업이 끝난 후 예비유아교사와 실습지도교사, 실습지도교수, 원장이 함께 협의하는 시간을 가지도록 한다.

- 실습에 대하여 보완할 점들을 토의하는 시간을 갖는다.

(3) 학교현장실습의 마무리

좀 더 나은 유아교사양성을 위해서는 실습 후 평가 또한 중요한 과정이다.

① 예비유아교사의 평가

예비유아교사의 실습에 대한 평가는 기관마다 약간의 차이는 있지만 매일 예비유아교사가 실행한 실습기간 중의 부분, 연결, 종일수업 등을 포함한 모든 활동들을 평가한다. 실습이 끝난 후에는 원장, 원감과 실습지도교사의 종합적 평가결과를 작성하도록 한다.

교육부에서 권장하는 실습 평가기준의 영역 및 점수배점 기준은 근무태도 10%, 자질 15%, 학습지도 능력 50%, 연구조사 활동 15%, 학급경영 및 사무처리 능력 10% 등으로 되어 있다(윤기영 외, 2011).

② 실습지도교사 평가

실습의 극대화를 위해서는 실습에 참여한 실습지도교사가 그 역할을 성실하게 수행했는지 또는 실습지도교사로서의 전문성 발달을 증진하려고 노력했는지 등에 대한 평가가 요구된다. 실습지도교사에 대한 평가내용은 실습생 수업에 대해 세부적으로 협의하는 역할, 실습의 과정 및 결과를 평가하는 역할, 예비유아교사 지지, 격려하는 역할 등이다.

③ 실습 결과보고서 작성

실습 결과보고서 작성은 실습이 끝나면 전체 유아교사회의를 통해 예비유아교사의 평가점수를 합의하여 결정하도록 한다. 예비유아교사에 대한 평가는 예비유아교사의 태도와 활동의 도입, 전개의 마무리 과정, 사용하는 자료의 적절성과 제시방법, 그리고 전체적인 수업의 분위기 등을 객관적으로 기록하여 이루어진다. 결과보고서 작성은 다음과 같은 점을 고려해야 한다.

- 평가자는 예비유아교사를 주의 깊게 관찰하고 충실히 점검하여 타당성 있는 평

가 후 보고서 작성을 한다.
- 평가의 관점과 기준을 명확하게 한다.
- 형식적인 평가가 아니라, 실습생의 전문성 발달이 증진될 수 있도록 합리적인 평가를 한다.
- 실습 결과보고서를 정확하게 기록하도록 한다.

2) 보육실습 프로그램 운영

보육교사 자격증을 취득하기 원하는 학생들을 위하여 보육실습은 필수적으로 거쳐야 하는 과정이다. 그뿐만 아니라 보육실습 자체가 지니고 있는 의미나 가치 면에서 매우 중요한 과정이므로 보육교사 양성교육기관에서는 사전에 치밀한 계획과 준비가 필요하다.

(1) 보육실습의 준비

① 보육교사 양성교육기관의 준비

보육교사 양성교육기관에서는 보육실습이 시작되기 전에 실습이 원활하게 이루어질 수 있도록 제반 사항을 체크하고 필요 서류를 준비한다. 양성교육기관에서 실습 전에 해야 할 일은 보육실습기관의 선정, 양성교육기관의 실습 사전 교육 실시 등이다.

- 실습계획과 실습시기 결정

보육교사 양성교육기관에서는 영유아보육법 시행규칙에 근거하여 적법한 절차에 따라 보육실습을 계획하고, 보육실습시기를 결정해야 한다. 실습시기는 보육교사 양성교육기관의 교육과정, 어린이집의 상황, 예비유아교사의 요구 등의 요인을 고려하여 결정하는 것이 바람직하다. 실습시기를 특별히 정할 필요는 없지만 교육과 보육에 관련된 이론들을 실제에 접목시킬 수 있어야 하므로 보육실습은 교수기술이나 학습운영 등 실습과 관련된 실기 관련 교과목들을 이수 후 실시하는 것이 좋다. 4년제 대학의 경우 3학년 2학기 이후에, 2,3년제 대학은 마지막 학년에 실시될 수 있도록 지도한다. 교육훈련시설에서는 교육훈련 교과목 중 12과목 이상을 수강한 후 보육실습 교과목을 수강하도록 지도한다.

• 보육실습기관 선정 및 배정

보육실습기관의 선정은 보육기관이 질 높은 보육과정을 수행하고 있는지의 여부와 실습생을 지도할 수 있는 전문성을 겸비한 교사가 있는지 그리고 평가인증을 받은 후 지속적으로 유지하고 있는지 등에 대하여 충분히 고려하여 이루어져야 한다. 보육실습기관 선정 시 유의할 점은 다음과 같다(한국보육진흥원, 2017).

- 보육실습기관의 법적 기준인 보육정원(15인 이상)을 충족하는 어린이집인지, 혹은 누리과정과 방과후 과정을 운영하는 유치원인지 등의 사항을 파악한다.
- 보육실습 지도교사의 보육교사 1급 또는 유치원 정교사 1급 자격 소지 여부를 확인한다.
- 실습기관의 현황 및 특수보육현황 등을 파악하여 기관의 성격을 고려한다.
- 실습기관의 평가인증 유지 여부 등을 확인한다.
- 실습기관과 보육실습생의 집과의 거리 및 교통편을 고려한다.

• 보육실습에 대한 사전 교육 실시

양성교육기관에서는 보육실습이 시작되기 전에 예비유아교사들을 대상으로 보육실습에 관한 전반적인 내용을 사전에 교육해야 한다. 보육실습 교과목의 이론수업과 현장보육실습 오리엔테이션을 통해 현장보육실습 과정과 그에 필요한 서류 및 준비물 목록, 실습 중 문제 발생 시 해결 방법, 실습 후 사후처리 방안에 대해 자세히 안내한다.

• 보육실습기관으로의 보육실습비 지급

양성교육기관에서는 보육실습기관에 소정의 실습비를 지급한다. 보육실습비는 실습기관에서 책정하도록 하나 기준이 없을 경우 양성교육기관에서 책정할 수 있다. 보육실습비는 지도교사 수당, 보육실습생 중식비, 보육활동 재료비 등이 포함되는 것이 바람직하며, 양성교육기관에서 실습기관 명의의 통장으로 직접 송금함을 원칙으로 한다.

• 건강진단 결과서 발급 지도

양성교육기관에서는 실습을 나가기 최소 1주 전에 예비유아교사들에게 보건소의 전염성 질환(간염, 결핵, 장티푸스, 성병 등)에 대한 건강진단 결과서(구 보건증)를 발급받아 실습기관에 제출하도록 지도한다.

보육실습을 준비하기 위해 이상의 준비와 함께 보육교사 양성교육기관에서 보육실습을 실시하기 위해 필요한 서류를 준비해야 한다. 다음과 같은 서류를 미리 준비하고 예비유아교사들에게 각 서류의 용도와 내용에 관해 설명한다.

보육교사 양성교육기관의 준비 서류	
종류	내용
보육실습 신청서	보육실습 신청서는 보육실습 교과목이 개설되는 학기 직전 방학에 실습을 실시할 경우 보육실습 신청자를 파악하기 위하여 사용할 수 있다.
보육실습 협조공문	보육실습 허락을 요청하는 협조공문을 양성교육기관에서 보육실습기관으로 발송한다. 양성교육기관에서는 사전에 보육실습기관에 실습 가능 여부를 확인하고 실습을 의뢰하기 위하여 유선 연락을 취할 수 있다.
보육실습 동의서	양성교육기관은 보육실습 협조 공문과 동의서를 함께 발송하여 보육실습기관으로부터 동의서를 받는다.
보육실습생 신상카드	양성교육기관에서는 예비유아교사에게 자신의 기초정보를 기록할 수 있는 신상카드를 작성할 수 있다.
보육실습생 자기소개서	보육실습기관에서 예비유아교사에 대하여 알 수 있도록 간단한 자기소개서를 작성하여 첨부하면 실습기관에서 예비실습교사를 파악하는 데 도움이 될 수 있다.
보육실습생 서약서	예비유아교사에게 서약서를 작성하도록 한 후, 직접 실습기관에 제출하도록 한다.
보육실습 확인서	양성교육기관은 공인된 양식의 보육실습 확인서를 보육실습이 종료된 후 14일 이내에 보육실습기관으로부터 수령한다.
보육실습 결과보고서	공인된 양식의 보육실습 결과보고서를 보육실습이 종료된 후 14일 이내에 보육실습기관으로부터 수령한다.
보육실습비 영수증	실습기관 명의의 통장으로 입금하는 경우는 입금 영수증으로 대체해도 무방하다.

출처: 정현숙(2017). 보육실습. pp.73-74.

② 실습기관의 준비 및 사전 교육

실습기관의 원장과 실습지도교사는 앞으로 보육교사가 될 인재를 양성한다는 책임감을 가지고 보육실습이 충실하게 이루어지도록 지도하여야 한다. 따라서 6주의 보육실습이 실시되기 전에 실습기관은 보육실습생에게 1회 이상의 사전 교육을 실시하여 보육실습이 원활하게 수행될 수 있도록 준비한다.

사전 교육 시 실습기관은 기관의 보육철학 및 운영방침 등에 대한 안내를 하고 보육실습담당 지도교사와 반에 대한 사전 정보를 제공하도록 한다.

③ 양성교육기관과 실습지도 기관의 사전업무 협조

보육교사 양성교육기관과 실습지도 기관의 보육실습을 위한 협조가 원활하게 이루어지기 위해서는 긴밀한 관계가 필요하다. 양성교육기관은 보육실습기관을 선정함과 동시에 실습기관의 장이나 주임교사에게 보육실습의 과정, 필요한 서류 및 절차, 사전 교육 시 포함될 내용, 보육실습의 운영 내용, 사후관리 방안 등에 대한 안내지침을 발송하고 협조를 구한다.

④ 보육실습생의 준비

보육실습을 수행해야 하는 예비유아교사는 보육실습을 시작하기 전에 실습기관을 방문하여 실습에 필요한 사항을 미리 숙지하고 준비하여 보육실습이 원활하게 이루어질 수 있도록 해야 한다.

• 실습기관 사전 방문 및 사전 교육

예비유아교사는 보육실습을 시작하기 전 최소 일주일 이내에 실습기관에 미리 전화로 방문 일정을 잡은 후에 기관을 방문하여 원장 또는 담당자로부터 사전 교육을 받는다. 실습기관의 사전 방문과 사전 교육을 통해 다음의 사항을 숙지한다.

- 실습기관의 보육철학 및 프로그램 운영방침을 파악한다.
- 실습기관의 현황(보육교사, 영유아, 시설)을 파악한다.
- 보육실습을 하게 될 반의 특성(연령, 인원수, 남아와 여아의 비율, 영유아의 특성, 하루일과 등)을 파악한다.
- 보육실습기간 중 행사 일정을 파악한다.

- 실습기관의 보육실습생 준수사항 및 유의사항을 파악한다.
- 보육실습에 필요한 준비물을 점검한다.
- 실습기관의 위치, 거리 및 교통편을 확인한다.

• 보육실습을 위한 예비유아교사의 준비물

보육실습을 위하여 예비유아교사는 다음의 기본적인 준비물을 구비하고 그 외 준비물은 실습기관의 규정에 따른다.

보육실습을 위한 예비유아교사의 준비물	
종류	내용
건강진단 결과서	보육실습기관이 확정되면 예비유아교사는 직접 보건소에 방문하여 전염성 질환에 대한 건강진단을 받고 그 결과서(구 보건증)를 발급받아 실습기관에 제출한다.
이름표	양성교육기관 이름, 예비유아교사의 이름을 기록한 자신의 이름표를 마련하여 실습기간 동안 왼쪽 가슴에 패용한다.
실내화 또는 덧신(필요시)	실내에서 신을 수 있는 실내용 신을 준비하도록 한다.
실외놀이용 신발(필요시)	실외놀이용으로 운동화 등의 편안한 신발을 준비한다.
여벌 옷(필요시)	영유아를 보육하는 과정에서 예비유아교사의 옷이 더렵혀지거나 젖을 수 있으므로 필요하다면 여벌의 옷을 준비하면 유용하다.
보육실습 관련 서류	보육교사 양성교육기관의 교과목 담당교수가 제공하는 보육실습에 필요한 서류를 꼼꼼하게 체크하여 준비하도록 한다.

출처: 정현숙(2017). 보육실습. pp.79-80.

(2) 보육실습의 실제

① 보육실습 지도교사와의 협의

실습지도교사와 예비유아교사의 충분하고 원만한 협의과정은 보육실습의 성공여부를 결정할 만큼 매우 중요하다. 예비유아교사는 이론적으로 익혔으나 실천적 지식은 확립되지 않았음을 서로 인지하고, 실습지도교사의 지도를 통해 성장해 나간다는 생각에서 서로 출발하는 것이 필요하다. 실습지도교사는 초반 활동은 비교적 난이도가 낮은 활동부터 시작하여 점차 난이도가 높은 활동을 계획해 보도록 지도하며, 예비유아교사가 계획과 준비를 위해 일정을 관리할 수 있도록 정해진 시간에 보육활동에 대한 지도를 주기적으로 실시하는 노력이 필요하다. 예비유아교사 역시 실습지도교사의 피드백 내용을 잘 숙지하고 그에 따라 실행에 옮기려는 노력이 중요하다.

② 보육활동(수업) 지도

예비유아교사의 전문성 증진을 위한 효율적인 보육활동(수업) 지도는 보육교사 양성교육기관과 보육실습기관과의 협력을 통해 대학에서 배운 이론과 보육현장에서 이루어지는 실제의 통합성 측면에서 이루어져야 한다. 보육활동(수업) 지도는 실습지도교사의 지도하에 실제적인 보육 경험을 쌓는 것으로 실습의 가장 핵심적인 지도가 된다.

- 부분수업지도

부분수업을 지도할 때 가장 중요한 것은 보육계획안 작성이다. 실습지도교사는 예비유아교사에게 각 활동의 목표와 지도방법, 자료 제작 등에 대해 충분히 토의하며, 필요에 따라서는 보육기관에서 제작된 수업 자료를 제공해 줌으로써 예비유아교사가 더 많이 연구하고 준비할 수 있도록 도움을 주도록 한다.

- 연결수업지도

연결수업은 두 가지 이상의 활동들을 계속해서 지도하도록 하는 것이다. 실습지도교사는 여러 가지 활동들의 통합적인 접근과 운영에 대해 예비유아교사에게 정보와 도움을 주고, 활동 간의 자연스러운 전이와 확장방법, 주의집중 방법에 대해서도 구체적으로 제시해 주도록 한다.

- 반일수업지도

반일수업은 하루일과 중 오전이나 오후로 나누어 이 중 하나를 선택하여 예비유아교사가 스스로 계획하고 준비하여 축소된 하루일과를 경험하는 과정으로 종일반 수업을 운영할 수 있는 보육교사로서의 역량을 기르는 과정이다. 실습지도교사는 예비유아교사로 하여금 오전과 오후 일과의 차이점을 잘 알려주면서 모두 경험해 볼 수 있도록 지도하는 것이 필요하다.

- 종일수업지도

종일수업은 정규실습을 종합하고 마무리하는 '실습의 핵심'이라고도 할 수 있다. 따라서 실습지도교사는 하루일과가 자연스럽게 진행될 수 있도록 세심한 지도와 조언을 해주어야 한다. 그리고 원장, 원감 선생님을 비롯하여 다른 실습지도교사와 동료 실습교사들이 어느 시간에 수업을 공개할지 시간을 정하도록 한다. 수업지도에 있어서 실습지도교사는 먼저 시범수업을 보여주며 그 수업에 대해 실습지도교사가 예비유아교사와 이야기를 나누면서 수업에 적용하기 전에 주의할 점에 대해 충분히 토의한 후 모의수업을 통하여 수업에 대한 검토를 가진 후 수업에 임하도록 한다. 수업에 대한 반성 문항을 활용하여 예비유아교사로 하여금 자신의 수업을 반성할 수 있도록 유도한다.

※ 보육활동(수업)의 반성 문항 예시

- 이 활동이 유아들에게 중요하다고 생각하는가?
- 이 활동이 성공적이라고 생각하는가?
- 이 활동의 어떤 부분을 바꾸고 싶은가?
- 이 활동에서 예상하지 못했던 부분은 무엇인가?

③ 보육 실습생의 자기 반성하기

예비유아교사는 보육실습에 대한 자기평가를 통해 반성적 사고를 경험하게 된다. 실습지도교사는 보육활동 실습을 관찰하며, 평가한 사항, 예비유아교사의 자기평가에 대한 사항 및 추후 보육활동 계획 시 고려해야 할 점 등을 종합하여 예비유아교사에게 조언해 주어야 한다.

(3) 보육실습의 마무리

보육실습을 마친 후 대학 및 양성기관에서는 지도교수와 예비유아교사가 함께 실습어린이집의 시설과 프로그램, 보육교사와의 인간관계, 실습 시 어려웠던 점, 실습 전후로 변화된 점, 대학 및 양성기관에 대한 건의사항 등을 고려하여 보육실습 평가회를 한다. 평가회를 통해 보육실습에 대한 구체적이고 실질적인 문제점을 찾아 개선 방안을 모색하도록 한다.

① 예비유아교사의 반성

예비유아교사는 6주 동안 보육실습기관의 원장이나 지도교사에게 지속적으로 평가를 받기도 하지만, 실습을 통해 자기 스스로 평가해 볼 수 있는 기회를 갖기도 한다. 예비유아교사의 자기평가는 보육실습 과정과 결과에 기초한 자신을 객관화하는 것으로, 보육교사로서 요구되는 태도, 자질, 역할, 능력 측면에서 자신을 점검해 보는 과정이 된다. 이를 통하여 반성적 사고를 촉진할 뿐만 아니라 이는 보육교사로서의 전문적 성장에도 도움이 된다. 이는 보육실습 종료 후 실습 소감문 기록이나 보육활동 실습에 대한 저널 작성 등을 통해 실시해 볼 수 있다.

② 보육실습기관의 평가

보육현장실습 중 보육실습생에 대한 평가는 실습지도교사와 해당기관의 장이 부여한다. 보육실습 과정이나 보육실습이 모두 종결한 후, 보육교직원과 예비유아교사가 함께 참여하여 실습에 대한 평가회를 갖는다. 평가회는 예비유아교사에게 반성적 사고의 기회를 제공하여 교사로서 자신의 경험을 되돌아보고, 장점과 단점을 파악하여 향후 보육교사로서의 진로에 확신을 갖도록 도와줄 수 있다.

③ 양성교육기관에서의 보육실습 평가

보육교사 양성교육기관에서 보육실습기관과 동일한 평가기준을 사용할 수 있으나 다양한 평가도구나 준거를 활용하여 종합적인 평가를 실시하는 것이 바람직하다. 양성교육기관은 예비유아교사의 보육실습 결과를 최종적으로 평가한다. 이는 보육실습기관에서 평가하여 송부한 보육실습 평가표와 보육실습 결과보고서, 실습기관 방문을 통해 확보한 원장과의 면담자료, 실습기관의 현황과 실태, 실습생의 관찰기록, 실습생이 작성 완료한 보육실습일지, 보육활동 계획안, 교구제작 계획안 등과 같은 각종 자료 등에 근거하여 실시하게 된다.

• 보육실습 평가회

보육교사 양성교육기관에서 지도교수와 예비유아교사들이 실습을 마친 후, 보육실습 평가회를 개최하도록 한다. 실습 평가회를 통해 보육실습에 대한 구체적이고 실제적인 문제점을 찾아 보육실습 교과목 운영 및 실습지도 개선 방안을 모색하도록 한다. 평가회에서 주로 다루어질 내용은 다음과 같다.

- 보육실습 시 현장에서 이론을 접목한 점, 지도교사의 적절한 조언이나 평가, 현장에서 배울 점 등에 대한 열린 자세를 가지고 자신을 평가한다.
- 어떤 지속적인 개선 노력을 통해 보육교사로서의 전문성을 확보할 수 있는지 다각적인 해결방안에 중점을 두고 의견을 나눈다.
- 보육실습의 내용에 중점을 두어 스스로 자질을 평가하고 예비교사로서 성장할 수 있는 장점과 강점을 평가해 본다.
- 영유아를 상세히 관찰하고 직접 지도한 보육활동의 경험을 바탕으로 자신의 지도법에 대해서 평가한다.
- 서로에게 조언을 주는 상호 보완적 평가의 시간을 갖는다.

생각해 봅시다

1. 실습과정에서 예비유아교사로서 기대하는 프로그램의 내용은 어떤 것이 있을까요?

2. 예비유아교사의 바람직한 실습생으로서의 역할 및 태도는 무엇일까요?

4장

실습생의 관계 형성

유아교육기관 실습생들은 실습의 과정에서 이루어질 여러 가지 교육활동과 실습일지 작성과 같은 부분에 대해 부담을 느끼며, 실습 전에 이러한 부담을 극복하고자 많은 노력을 기울인다. 그러나 실제로 실습을 마무리한 예비유아교사들을 대상으로 실습과정에서의 어려움에 대해 알아보면 관계 형성의 어려움을 지적하고 있다.

예비유아교사는 교육실습의 과정으로 인하여 사회적·문화적 맥락에서 여러 사람들과 소통관계를 맺게 된다. 유아교육기관의 원장과 원감, 유아, 학부모, 동료교사 등 많은 사람들과 소통하고 상호작용하며 다양한 인간관계를 경험한다. 또한 교사로서 맺게 되는 인간관계 등 교직 생활을 직접적으로 수행하며 교사로서의 인성과 태도를 갖추어 나가게 된다(이보람, 백지혜, 2020).

따라서 실습이 성공적으로 이루어지기 위해서는 실습생으로서 수행해야 할 업무에 대한 정확한 수행도 중요하지만, 무엇보다 실습의 과정에서 접하게 되는 다양한 인간관계에서의 관계 형성이 효율적으로 이루어져야 할 것이다.

이 장에서는 예비유아교사들이 실습의 과정에서 바람직한 관계 형성을 위해서 가져야 할 태도, 실습지도교사와의 관계 형성, 유아와의 관계 형성, 여러 실습 관계자들과의 관계 형성의 방향에 대해 살펴보고자 한다.

1 관계 형성을 위한 실습생의 자세

1) 자세

실습생은 유아교육기관 학급의 담임교사를 보조해 주는 보조교사나 유아교육기관을 평가하려는 평가자가 아닌, 유아교사로서 필요한 실무적인 역량을 배우고 익히는 실습생임을 명심하고 실습생으로의 기본자세를 유지하고자 노력해야 한다.

실습생이 실습 시 준수해야 할 일반적 유의 사항은 다음과 같다.

- 교육자다운 마음과 태도를 가지고 실습에 임해야 한다.
- 실습생은 항상 연구적이고 유아교사로서의 자질 향상에 힘써야 한다.
- 유아교육기관 유아들이 지켜야 할 규칙은 솔선수범하여 준수한다.

- 유아들에게는 언제나 친절하며, 유아들의 이름을 되도록 빨리 기억하도록 한다.
- 유아와 유아교육기관의 일에 깊은 관심을 가진다.
- 실습 유아교육기관을 자기가 근무하는 기관이라고 생각하고 근무해야 한다.
- 실습 유아교육기관의 규칙을 따라야 하며, 특히 실습 유아교육기관에서 금지하고 있는 사항은 엄수해야 한다.
- 실습으로 인하여 유아교육기관의 분위기 조성에 장애가 되는 일이 없도록 노력한다.
- 실습생은 유아교육기관의 원장, 실습지도교사의 지도를 성실하게 받아 자기 책임을 다한다.
- 실습생 상호 간에 서로 존경하고 협동하며 실습의 성과를 최대한 거두도록 노력한다.
- 항상 열의와 성의를 다해서 근무해야 한다.
- 일과에 대한 준비와 정리를 충실히 해야 한다.
- 실습지도교사의 지시에 성실히 따라야 한다.
- 모든 일은 실습지도교사와 의논하여 수행해야 한다.

박은혜(2005)는 실습생이 성공적으로 실습을 마치기 위해서는 다음과 같은 요소들이 필요하다고 하였다.

첫째, 지도력이다.

흔히 지도력이라고 하면 많은 사람들을 앞에서 이끌어 가거나 다른 사람 위에 군림하여 부리는 능력이라고 생각한다. 그러나 지도력은 자신이 속한 집단의 문화를 이해하고 가장 협조적으로 생활하는 능력을 의미한다. 실습생들이 실습기간 동안 관계를 가지게 되는 사람들은 유아, 실습지도교사, 원장, 원감, 그리고 기관에 근무하는 직원이 있다. 실습생들은 이들이 가지고 있는 독특한 문화를 이해하고 협조체제를 유지하는 것이 필요하다. 이를 위해서는 구성원들의 개인적인 배경, 심리적인 특성뿐만 아니라 이들이 공통적으로 소유하고 있는 의사소통의 방법, 집단의 역사와 규범 등에 대한 이해가 선행되어야 한다.

둘째, 자신의 가치관에 대한 인식이다.

유아교사가 교실에서 행하는 모든 행위는 유아교사의 교육철학에 의하여 결정된다. 유아교사가 가지고 있는 가치관은 도덕적 수준으로 연결되며 이는 아동관, 학습에 대한 가치, 학교의 역할 등으로 연결된다. 실습생들은 종종 자신의 가치관과 실습 중인 기관에서 요구하는 사항이 상반되는 경우에 갈등을 겪게 된다. 이럴 때는 직접적으로 불평을 토로하기보다는 그 기관에 재직 중인 같은 학교 출신의 선배 유아교사와 의논하는 것이 바람직하다.

셋째, 신뢰도이다.

실습기간을 성공적으로 보내기 위해서는 학교에서 배운 것, 실습지도교사, 자신, 그리고 유아에 대한 믿음을 가지는 것이 중요하다. 실습을 하는 기간 동안 실습생들은 지금까지와는 다른 종류의 역할을 요구받는다. 이러한 요구가 너무 크고 또한 한꺼번에 이루어지기 때문에 자신들이 과연 유아교사가 되기 위해 충분한 훈련을 받았는지에 대해 자신이 없어진다.

실습생들은 자신이 유아교사가 되기 위하여 충분한 훈련을 받았으며, 이를 바탕으로 잘 해낼 수 있을 것이란 믿음을 가지는 것이 필요하다. 실습지도교사에 대해서도 실습생을 평가하는 사람으로 인식하기보다는 자신에게 도움을 주는 존재로 생각하는 것이 중요하다.

넷째, 변화에 대한 적응이다.

실습기간은 학생에서 유아교사로 역할의 변화가 있는 시기이다. 많은 실습생들이 학생도 유아교사도 아닌 어정쩡한 마음가짐으로 실습에 임하는 경우를 볼 수 있다. 실습생이 유아교사로서 자신의 역할을 인식하지 못하고, 지나치게 대학생으로서의 기분을 낸다면 성공적으로 실습을 해내기 어렵다.

다섯째, 적극적인 태도이다.

실습 현장에서는 자신의 위치와 생소한 환경 때문에 위축되어 수동적이고 소극적인 태도를 취하기 쉽다. 그러나 주어진 과제에만 머무르지 말고 적극적이고 솔선수범하는 태도를 보이며, 자신은 배우러 왔다는 자세를 잃지 말고 늘 겸손하고 공손한 태도를 보이는 것이 중요하다.

여섯째, 건강이다.

실습은 짧은 시간에 많은 자료를 준비하고 가르쳐야 하기 때문에 상당한 체력을 필요로 하므로 건강관리에도 각별한 신경을 쓸 필요가 있다. 또한 처음으로 유아들과 오랜 시간을 지내게 되면 육체적으로 힘이 들고, 실습기간 동안 실습생들은 대학과는 다른 환경과 역할로 인하여 정신적으로 상당한 스트레스를 받게 된다. 또한 자신이 유아교사로서의 역할을 잘 해낼 수 있을지에 대하여 자신이 없어지기도 한다.

실습기간 동안 이처럼 육체적, 정신적으로 힘든 시간을 보내기 때문에 실습생들은 자신의 건강을 유지하기 위하여 노력하는 것이 필요하다.

2) 사전 준비 및 교직 윤리

실습생은 실습을 원만하게 수행하기 위하여 먼저 실습생으로서 기본자세를 점검하고, 실습생의 근무지침이나 준수사항을 미리 숙지해야 한다. 또한 배정된 실습기관의 환경 및 교육철학, 교통에 대한 정보, 유아들에 관한 정보를 미리 알아두는 것도 필요하다.

실습을 위해 실습생이 준비해야 할 구체적인 계획과 준비활동은 다음과 같다.

- 실습에 대한 목적의식을 분명히 한다.
- 실습 전에 대학에서 배운 학습내용을 정리하여 실습활동에 대비한다.
- 실습활동에 대한 조직적이고 체계적인 계획을 세운다.
- 유아교육기관의 근무환경에 대비하여 건강관리를 한다.
- 실습 전에 실습 유아교육기관에 대한 현황 및 실태 등을 파악한다. 유아교육기관과 주거지와의 거리, 교통편 등을 파악하여 실습에 대해 대비한다.
- 실습 전, 실습 유아교육기관을 방과 후 시간에 사전 방문하여 유아교육기관의 실습에 대한 지침 등을 협의하는 것이 좋다.
- 실습에 관한 지침서 등을 읽고 선배나 동료들과 의견을 나눈다.
- 실습에 필요한 물건을 준비, 점검한다(실습일지, 필기도구, 명찰, 실내화 등).
- 실습을 대비한 복장, 용모 등을 정돈한다.

어떤 분야의 직무에 종사하는 사람들은 그 직무를 수행하는 과정에서 지켜야 할 행동규범을 갖추고 직무에 종사해야 한다. 유아교육기관 실습생은 실습기간 동안 교직이라는 특수한 업무를 수행하는 과정에서 유아교육기관 교원이 갖추어야 할 교직에 대한 윤리의식을 습득하여야 한다.

교직윤리의식은 교직에 종사하는 교원들이 갖추어야 할 규범이나 행동규칙이다. 또한 교직윤리의식은 강제성을 띠지는 않지만 자율적인 규범으로써 교사의 실천적 행동 강령이 된다. 따라서 이러한 교직윤리의식은 교사의 행동으로 표출되며, 교사의 행동은 유아와 사회에 미치는 영향력이 강하며 교육의 질을 결정하는 요소로 작용하게 된다(이혜선, 2020; 임승렬, 2002; 전병춘, 2000; 조형숙, 2007).

우리나라의 영유아교사들을 위한 윤리강령은 이원화된 유아교육체제로 인해 '유치원 교사헌장·강령'과 '어린이집 원장 및 보육 교사 윤리강령'이 있다.

유치원 교사 윤리강령은 '유치원 교사 헌장'과 '유치원 교사 강령'이 있다. 유치원 교사 헌장은 교사가 갖추어야 할 기본적인 내용으로 유치원 교사로서의 사명감, 책임감, 소명의식 등의 지녀야 할 덕목을 중시하고 있다. '유치원 교사 강령'은 유치원 교사와 유아, 가정, 사회, 교사의 책무로 구성되어 있으며(이혜선, 2020),

유치원 교사 헌장과 유치원 교사 강령은 다음과 같다.

〈유치원 교사 헌장〉

유아교육은 유아의 삶에 초석이 되며, 우리 사회와 국가의 미래를 결정한다. 우리는 국민의 생애 초기 교육을 책임지며 사회로부터 존경받는 교사로서 자신을 연마하고 소명의식을 가지고 유아교육자로서 가야 할 길을 밝힌다.

1. 우리는 유아를 사랑하고 개성을 존중하며 전인 발달을 지원하고 평화로운 교실문화를 조성한다.
2. 우리는 미래 지향적이며 질 높은 교육을 개획하고 실천하여 교육자로서의 책임을 다한다.
3. 우리는 가정에 대한 이해와 연대를 강화하여 교육복지 사회 구축에 공헌한다.
4. 우리는 사회의 변화와 요구에 적극 부응하여 유아교육의 혁신과 발전을 위해 노력한다.
5. 우리는 교육자로서의 품위를 유지하고 부단히 자기 개발을 통해 유아교육 전문가로서의 위상을 갖춘다.

출처: 한국유치원총연합회 유치원교사 행동강령, http://www.yoochiwon.or.kr

'유치원 교사 강령'은 유치원 교사와 유아, 유치원 교사와 가정, 유치원 교사와 사회, 유치원 교사의 책무로 구성되어 있으며 이 중에서 실습생과 긴밀한 관련이 있는 유치원 교사와 유아, 유치원 교사의 책무 부분에 대해서 살펴보면 다음과 같다.

〈유치원 교사 강령〉

1) 유치원 교사와 유아

핵심개념: 사랑, 평등, 개성, 존중, 전인교육, 안전과 보호

1. 우리는 유아를 사랑하며 유아의 인격을 존중한다.
2. 우리는 유아의 개인적·가정적 배경에 관계없이 모든 유아를 평등하게 대한다.
3. 우리는 유아의 개성을 존중하며 개인의 흥미와 잠재력에 적합한 교육을 제공한다.
4. 우리는 유아의 전인 발달을 지원하는 교육과 환경을 제공한다.
5. 우리는 유아의 안녕을 위협하는 가정적·사회문화적·경제적 상황을 적극적으로 파악하고 유아를 보호하기 위해 노력한다.

2) 유치원 교사의 책무

핵심개념: 직업의식과 긍지, 인성(열정, 개방성, 창의성, 자율성), 교사로서의 품위, 연구와 자기계발

1. 우리는 교육 전문가로서의 직업의식을 갖는다.
2. 우리는 건전한 국가와 확고한 교육관을 가지고 교직에 종사한다.
3. 우리는 유아에게 최적의 교육을 제공하기 위해 열과 성을 다한다.
4. 우리는 건전한 언행과 생활태도로 유아에게 모범이 되도록 한다.
5. 우리는 열린 사고와 개방적 태도를 가지고 전문성 향상에 매진한다.
6. 우리는 다양한 분야의 전문가와 교류하고 새로운 지식과 정책을 비판적으로 수용한다.

출처: 한국유치원총연합회 유치원교사 행동강령, http://www.yoochiwon.or.kr

우리나라 보육교사 윤리강령은 보육인 윤리선언으로 시작된다. '보육인 윤리선언'은 '유치원 교사 헌장'과 같은 맥락으로 영유아를 존중하며 건강한 성장과 발달을 지원하는 윤리적 책임을 다할 것을 강조한다. '어린이집 원장 및 보육교사 윤리강령'에는 구체적인 영역으로 세분화하여 영유아교사가 지켜야 할 윤리의식을 제시하고 있다(이혜선, 2020).

'보육인 윤리선언'과 '어린이집 원장 및 보육교사 윤리강령'은 다음과 같다.

〈보육교사 윤리선언〉

나는 영유아의 건강한 성장과 발달을 지원하는 보육교직원으로서, 직무상의 윤리적 책임을 다하여 다음 사항들을 지킬 것을 다짐합니다.

1. 나는 내가 영유아에게 지대한 영향을 미치는 존재임을 잊지 않으며, 항상 스스로의 말과 행동에 신중을 기한다.
1. 나는 영유아의 인격과 권리를 존중하며, 어떠한 경우에도 영유아에게 해가 되는 일을 하지 않는다.
1. 나는 영유아 가정의 다양성을 이해하고 존중하며, 상호 신뢰하는 동반자적 관계를 유지한다.
1. 나는 동료를 존중하고 지지하며, 서로 협력하여 최상의 보육서비스를 제공하기 위해 노력한다.
1. 나는 보육의 사회적 책임과 역할을 인식하고, 영유아의 권익과 복지를 위한 활동에 앞장선다.
1. 나는 「어린이집 보육교직원 윤리강령」을 직무수행의 도덕적 규준으로 삼아 진심을 다하여 충실히 이행한다.

출처: 중앙 육아종합 지원센터 어린이집 자료실, http://central.childcare.go.kr

〈어린이집 원장 및 보육교사 윤리강령〉

제1장. 영유아에 대한 윤리

1. 영유아에게 고른 영양과 충분한 휴식을 제공하며, 몸과 마음이 건강한 사람으로 자라도록 돕는다.
2. 성별, 지역, 종교, 인종, 장애 등 어떤 이유에서도 영유아를 차별하지 않고, 공평한 기회를 제공한다.
3. 영유아는 다치기 쉬운 존재임을 인식하여 항상 안전하게 보호한다.
4. 영유아에 대한 정서적, 언어적, 신체적 학대를 행하지 않는다.
5. 어린이집 내외에서의 영유아 학대나 방임을 민감하게 관찰하며, 필요한 경우 관련 기관(아동보호전문기관 등)에 보고하고 조치를 취한다.
6. 영유아의 인격을 존중하고, 개인의 잠재력과 개성을 인정한다.
7. 개별적 상호작용 속에서 영유아의 요구를 수용하기 위해 노력한다.
8. 영유아의 사회·정서·인지·신체 발달을 통합적으로 지원하는 보육프로그램을 실시한다.
9. 특별한 도움을 필요로 하는 경우, 전문가와 협력하여 영유아의 입장에서 최선의 대안을 찾는다.
10. 보육활동을 계획, 실행, 평가하는 모든 과정에 영유아의 흥미와 의사를 반영한다.
11. 영유아의 개인적 기록과 정보에 대해 비밀을 보장한다.

제3장. 동료에 대한 윤리

[보육교사]

1. 존중과 신뢰를 바탕으로 협력하며, 서로의 전문성과 자율성을 인정한다.
2. 상호 간 역량계발과 복지증진에 부합하는 근무환경이 되도록 힘쓴다.
3. 어린이집 원장 및 동료와 영유아 보육에 대한 신념을 공유한다.
4. 보육교사로서의 전문성 향상을 위해 스스로 노력한다.
5. 어린이집 내에서 영유아 및 보육교사의 인권과 복지를 위협하는 비윤리적 사태가 발생한 경우, 법률규정이나 윤리기준에 따라 조치를 취한다.

출처: 중앙 육아종합 지원센터 어린이집 자료실, http://central.childcare.go.kr

3) 근무지침 및 준수사항

(1) 올바른 근무 자세

실습생들은 다음과 같은 사항에 유의해야 한다(석은조, 오성숙, 2017; 이선경, 이은정, 2007).

- 출·퇴근 시간을 지킨다. 실습생은 실습기간 중 무단으로 결근, 조퇴, 사적인 외출, 지각을 해서는 안 된다. 실습기간 중 무단으로 부득이한 경우, 실습지도교사에게 사전에 양해와 원장의 승인을 얻어야 하며, 이후 관련 증명서류를 제출한다.
- 시간을 철저히 엄수한다.
- 출근은 실습지도교사보다 먼저 출근한다.
- 출근 후 출근부에 날인하고, 실습기관 내의 환경을 살피고 정리하며 교수·학습 활동을 준비한다.
- 퇴근은 모든 정리정돈이 끝난 후 실습지도교사의 지시에 따른다.
- 자신이 담당한 일은 신속하고 정확하게 지켜야 한다.
- 언어 및 태도 등에서 유아교사의 품위를 지키며 표준말을 사용하며 항상 밝고 예의 바른 태도를 갖춘다.
- 근무시간 중에는 동료 실습생과 잡담 및 핸드폰 사용을 금한다. 그리고 동료실습생과도 서로 존중하는 자세로 임해야 한다.
- 실습생 상호 간에도 반드시 예의를 지켜 존칭어를 사용하며, 대학에서 생활하는 것과 같은 말투나 행동을 삼간다.

- 실습은 원장과 실습지도교사의 지도와 감독에 따라야 한다. 대학에서 배운 이론과 실제 사이에 차이를 느낄 때가 있는데, 각 기관만의 철학을 받아들이고 따라야 한다.
- 실습기관의 교육방침을 이해하고 적극적으로 협력해야 한다. 실습생으로 인해 평소 분위기나 방침을 혼란시키지 않도록 유의해야 한다.
- 실습일지는 매일 기록하여 실습지도교사에게 제출한다. 또한 매일의 자기평가를 통해 자신의 부족한 부분을 보완하도록 노력한다.
- 실습기간 중에 문제가 생기면 실습기관과 대학에 즉시 알리고 조치를 취한다.
- 실습기관의 시설·부품들을 사용하고자 할 경우에는 승인을 받은 다음에 사용하며 정확히 반납한다.
- 시설물이나 자료를 아껴 쓰고 반드시 제자리에 정돈해 놓는다.
- 교육기관 내부의 비밀이나 문제, 실습지도교사나 원장의 사적인 내용을 타인에게 공개해서는 안 된다.

(2) 실습생의 복장

특정한 일을 하는 사람에게는 직업에 적절한 말과 태도, 그리고 복장을 기대한다. 특히 유아교사는 하루 종일 몸을 움직이며 지내야 하기 때문에 단정하면서도 편안한 복장이 필요하다. 실습생은 학생의 역할보다는 유아교사의 역할을 수행한다고 보아야 하기 때문에 그에 적절한 용모를 갖추는 것이 필요하다(박은혜, 2015).

다음의 체크리스트를 활용하여 본인의 용모를 확인하고 문제점이 무엇인지 동료들과 토의해 보자.

용모에 대한 체크리스트			
① 그렇게 하지 않는다 ② 보통 그렇게 한다 ③ 항상 그렇게 한다	①	②	③
머리를 단정하게 한다.			
원색적인 염색이나 여러 가지 색의 염색은 피한다.			
앞머리를 길게 하여 눈을 가리지 않도록 한다.			
유색 렌즈 착용을 지양한다.			
화장은 가능한 자연스럽게 한다.			
진한 향이 나는 화장품이나 향수는 사용하지 않는다.			
손톱을 짧고 깨끗하게 관리한다.			
원색의 매니큐어를 바르지 않는다.			
손이나 팔에 너무 많은 장신구를 부착하지 않는다.			
사치스러운 장신구를 부착하지 않는다.			
가슴이 많이 파인 옷을 피한다.			
무릎 위로 올라가는 짧은 치마는 피한다.			
몸을 단정하고 깨끗하게 유지한다.			
속이 훤히 비치는 옷은 피한다.			
몸의 보여지는 부분 타투는 지양한다.			
계절, 목적, 장소에 적절한 옷을 입는다.			
맨발로 다니지 않도록 한다.			
유아와의 신체적 활동에 적합한 신발을 착용한다.			

실습생은 용모와 복장을 단정히 하고 바른 자세를 지녀야 한다. 너무 화려하지 않지만 청결하고 단정해야 한다. 옷은 활동에 편안하여야 하며, 신발은 굽이 높은 구두보다는 유아들과의 신체적 상호작용에 무리가 가지 않는 편안한 것이어야 한다. 머리는 단정해야 하며 모자 착용은 하지 않아야 한다. 짙은 화장이나 요란한 장신구는 피하고 손톱은 짧아야 하며 화려한 매니큐어나 장식을 하지 않아야 한다.

4) 실습생의 자기 관리

실습생은 실습기간 중 유아와의 원활한 교육활동 운영, 기관의 여러 사람들과의 원만한 관계형성 등의 많은 정서적인 어려움에 직면하게 된다. 유아교육과 학생들은 교육실습 현장에서 다양한 상황을 마주하게 되고 또 다양한 관계맺음을 경험하게 되는데, 이러한 경험은 학생들에게 매우 낯설고 힘겨울 수 있기 때문에 일부 유아교육과 학생들에게 교육실습은 고통스럽고 유쾌하지 못한 경험으로 기억될 수 있다(이진희, 2020).

실습생은 유아교사로서의 자세와 역할, 학습자로서의 자세와 역할을 동시에 수행하도록 요구되어, 이중적 역할을 수행해야 하는 심적 부담감을 많이 느끼게 된다. 이러한 실습을 경험하게 된 실습생의 특성은 다음과 같다(윤기영 외, 2011).

첫째, 정서적으로 복잡하다.

실습생은 아직 유아교사로서의 직업의식이 정립되지 않은 상태이므로, 학급에서 가르칠 것을 생각할 때 흥분되고 불안하고 낭떠러지에 서 있는 듯한 복잡한 감정을 가지게 된다. 특히 실습 초기의 환경 변화에 따르는 갈등, 불확실, 낯선 환경 등에 적응할 생각을 하며 막연한 두려움에 사로잡히게 된다.

둘째, 실수를 두려워한다.

실습생은 자신의 실수가 유아의 장래에 영향을 준다는 점에서 실수를 두려워한다.

셋째, 유아, 실습지도교사 등과의 원만한 관계 형성을 걱정한다.

실습생은 유아, 실습지도교사, 원장 등과의 관계를 형성하면서 자신이 유아들에게 정말로 유아교사가 될 수 있을지, 유아들이 실습지도교사와 똑같이 인정하여 잘 따라줄 것인지, 실습지도교사는 자신을 존중하며 원만한 관계를 형성할 수 있을지 등에 막연한 걱정을 한다.

넷째, 새롭게 요구되는 역할을 두려워한다.

실습생은 실습으로 인해 새롭게 요구받는 역할 때문에 스트레스를 받고 긴장하며, 자신이 스스로 역할 수행을 잘하지 못한다고 생각하기에 두려움을 느낀다.

다섯째, 수업 준비와 과제물에 어려움을 느낀다.

실습생은 실습기간 동안 유아들과 함께 할 활동을 연구하고 계획하고 준비하는데 시간적·육체적으로 많은 어려움을 느낀다. 또한 실습기관에서 부여해 주는 교재·교구 제작, 환경 구성, 각종 행사 준비와 같은 과제물로 인해 많은 부담을 느낀다.

Skillpath(1997)는 실습생이 정서적 어려움과 불안감을 극복하고 스스로 자신을 도울 수 있는 다음과 같은 방법들을 제안하였다.

- 스스로에게 긍정적인 사고를 강조하도록 한다.
- 자신의 행복과 성공을 눈앞에 그려본다.
- 일이 잘 되었을 때 스스로 칭찬하고 보상한다.
- 스트레스를 일으키는 상황에 대한 변화의 책임을 진다.
- 운동한다.
- 열심히 일한 만큼 노는 것을 배운다.
- 건강을 돌본다.
- 완벽주의를 거부한다.
- 낙관적인 태도를 유지한다.
- 유머감각을 발달시킨다.
- 유쾌하게 일한다.
- 필요하다면 상담자를 구한다.

2 실습지도교사와의 관계 형성

실습의 과정에서 실습생이 어떤 교사를 만나 어떤 경험을 하고 어떠한 관계를 형성하는가에 따라서 실습에 대한 긍정적인 영향을 미치기도 하고 부정적인 영향을 미치기도 한다는 연구결과들이 제시되었다(김영주, 2018; 성원경, 이춘자, 2017; 조성연, 이정희, 2014). 실습생이 실습기간 동안 맺게 되는 실습지도교사와의 관계 형성에 따라 정서적 안정감과 실습에 대한 지지를 통하여 실습에 대한 불안감이 감소하고 실습수행에 대한 자신감이 향상하게 된다.

실습생의 전문적인 발달과 성공이 실습지도교사와의 관계에 좌우된다고 해도 과언이 아니다. 실습지도교사는 안내적이고 지원적이어야 하며, 인간적인 관계를 형성하도록 도와주어야 한다. 실습지도교사의 책임은 실습생이 새롭고 도전적인 환경에서 기능하는 데 필요한 기술을 습득하도록 도와주는 것이다. 실습지도교사는 실습생이 특별히 잘한 점이나 장점을 말해줌으로써 격려해 주는 것이 좋다. 또한 단점이나 부족한 점도 파악하여 발전적으로 극복할 수 있는 구체적인 방법을 제안하여 도와준다. 중요한 점은 비판을 위한 비판보다는 구체적인 대안이 있는 비판이어야 한다는 것이다(조부경, 김정화, 2005).

실습생은 실습에 임하는 동안 흥분, 두려움, 불안의 과정 속에서 보낼 것이다. 이러한 과정은 유아교사가 되기 위한 자연스러운 과정이지만, 예비유아교사들에게는 익숙하지 않은 상황이다. 많은 예비유아교사들은 극도의 긴장 속에서 무엇보다 중요한 요소인 유아나 실습지도교사와의 관계 형성을 위한 부분에 노력을 기울이지 않을 수도 있다.

이에 실습지도교사가 먼저 실습생이 가지고 있는 어려움, 실습생의 요구 등을 파악하고 실습생들의 개별적인 특성을 고려한 실습 방안마련을 위해 노력해야 한다.

실습지도교사는 실습생으로부터 얼마든지 새로운 것을 배울 수 있다는 개방적인 태도를 유지해야 하며, 실습생과 경쟁하지 말아야 한다. 경우에 따라서 유아들이 실습지도교사보다 실습생을 더 따를 수도 있다. 그런 경우 모르는 척하는 것이 바람직하며, 항상 학급의 궁극적 책임자는 자신임을 명심해야 한다(조부경, 김정화, 2005).

실습지도교사는 실습생을 담당함으로써 많은 일들을 수행해야 한다. 실습생에 대한 현장교육자, 평가자, 실습생이 기관에 잘 적응할 수 있도록 지원해 줄 수 있는 정서적 지원자로서의 역할 등을 수행해야 한다. 이 중에서 가장 기본적인 것은 실습생과 생산적이고 효율적인 관계를 형성하는 것이다.

표 4-1 실습생 및 실습지도교사의 상호 노력

실습생의 특성	실습생의 노력	실습지도교사의 지도방법
경험해 보지 않은 실습에 대하여 불안해한다.	실습기관을 사전에 방문하여 환경을 익히고 실습지도교사와의 관계 형성에 노력한다.	실습의 초기에 불안감을 해소하도록 따뜻하게 지원해 준다.
실수하거나 다른 실습생에게 뒤쳐질까 봐 걱정한다.	동료 실습생과 서로 협력하고 상호 지원한다.	실습생들을 비교하지 않도록 한다.
자기주도적이어서 학생으로 취급받기를 원하지 않는다.	스스로 할 수 있는 일을 계획하고 역할과 책임을 다한다.	자유롭게 수업을 계획하고 실행하며 표현할 수 있는 기회를 준다.
새로운 것을 배우는 데 진지하고 적극적이다.	새로운 업무에 적극적으로 참여한다.	조금씩 새로운 것을 접할 수 있게 한다.
유아교사로서의 역할을 배우려 하고, 목표가 달성됐는지 평가를 원한다.	유아교사로서 자신의 역할을 스스로 평가한다.	실습생의 역할 수행에 대해서 협의하고 평가하는 시간을 갖는다.
자신의 가치와 견해가 존중되기를 원한다.	생각을 체계적으로 계획하고 실습지도교사와 의논한다.	문제가 발생하는 경우가 아니라면 실습생의 결정을 존중해 준다.
자신의 경험에 기초할 때 효과적으로 학습한다.	이전의 경험에 기초하여 적용할 수 있는 방안을 찾아본다.	실습생이 경험했던 것부터 적용할 수 있게 한다.
유아교사의 역할과 관계된 일에서 발달한다.	여러 가지 업무 중 유아교사의 역할에 최선을 다한다.	되도록 유아교사의 역할과 관련되는 업무를 제공한다.
성인의 신체적 특성을 가지고 있다.	휴식할 수 있는 시간을 갖는다.	실습생을 위한 공간을 마련해 주고 가끔 휴식시간을 제공한다.

출처: 박은혜 · 조운주(2007). 반성적 실천을 위한 유아교육실습. 서울: 창지사.

실습이 진행됨에 따라 예비유아교사들의 태도가 실습지도교사의 태도와 유사하게 되며, 실습의 마지막 단계에 이르면 예비유아교사들은 실습지도교사가 보여준 대부분의 교수방식을 따라 하게 된다(윤기영 외, 2011).

유아교육기관에서는 유아교사가 유아들의 모든 생활을 책임지게 된다. 실습생들은 실습지도교사와 달리 유아들의 생활을 전적으로 책임지는 것이 아니기 때문에 비교적 자유롭게 유아들을 대하게 된다. 그 결과, 실습생이 온 후에 기존 학급의 질서가 무너지고 통솔이 되지 않는 경우가 종종 발생한다. 실습생들은 가능하면 매일의 일정을 미리 상의하고, 실습지도교사의 학급 경영 방침을 최대한으로 존중하고 따르는 태도를 보이는 것이 중요하다. 특히 학급에서 문제가 발생하면 언제든지 실습지도교사를 찾아가 의논하고 해결책을 구하며, 모든 일에 협조적으로 임하고 특히 불필요한 불평을 삼가는 태도가 필요하다.

또한 실습생은 실습생-실습지도교사와의 관계 형성을 위해 다음과 같은 노력을 기울여야 한다(윤기영 외, 2011).

첫째, 실습지도교사의 관점을 분석한다.

능동적이고 협조적이며, 긍정적인 태도를 가지고 좋은 관계를 형성하도록 최선을 다한다. 이때 실습생-실습지도교사는 실습 목적을 세우는 계획 모임을 세우는 것도 효과적이다. 논의를 통해 유아교사와 실습생은 서로 실습의 목적을 개발할 수 있다.

둘째, 개방적인 마음을 갖는다.

실습생은 학교에서 배운 교수방법이나 교육철학이 다르다고 실습지도교사를 비판하거나 출신학교, 다른 인성, 작업 스타일 등으로 자신과 실습지도교사의 차이점을 비교하기도 한다. 그러나 이는 실습지도교사와의 관계를 악화시키는 요인이 되기 때문에 피하는 것이 좋다. 먼저 실습지도교사가 상황을 대처하거나 교수를 실행하는 것이 실습생이 하는 것과 얼마나 다른지 이러한 접근의 장·단점을 비교하고, 되도록 개방적인 마음으로 실습지도교사의 접근에 대해 논의해 보는 것이 좋다.

셋째, 실습지도교사의 비판을 긍정적으로 수용한다.

실습생은 실습의 핵심을 자신이 배우는 데 두어야 한다. 실습생-실습지도교사의 관계는 비판을 주고받을 때 좋은 것이다. 서로에게 관심을 가지고 존중해 주는 것은 비판을 주고받는 데 필수적이기 때문이다. 실습지도교사는 인간으로서 내 가치를 평가하는 것이 아니므로, 긍정적으로 비판을 받아들이는 과정이 필요하다.

넷째, 실습지도교사의 입장에서 생각한다.

실습지도교사는 현장에서 실습생에게 실제적인 교육 경험을 제공하기 위한 목적으로 지도하며 협동하는 전문가이다. 실습지도교사는 실습생이 풍부하게 경험하기를 원함에도 기관의 운영방침과 원장의 지시를 따라야 하기에 실습생에게 아동중심의 이상적인 교수방법보다는 유아교사 주도적인 지도방법을 이용하도록 지도할 수도 있다. 그러므로 실습생은 유아교육기관, 실습지도교사 등의 입장에서 신중하게 생각하는 태도를 가지고 이러한 문제나 단점에 대해 비밀을 지킬 필요가 있다.

표 4-2 실습생 및 실습지도교사의 관계 형성을 위한 노력

실습생의 노력	실습지도교사의 노력
• 자신의 한계를 인정하고, 실습지도교사의 비판을 긍정적으로 수용한다. • 모든 일에 책임을 다하고 능동적인 자세를 갖는다. • 협조적이고 긍정적인 태도를 갖는다. • 실습지도교사의 입장에서 생각한다. • 자부심을 갖고, 현재에 머무르지 말고 발전적으로 노력한다. • 의사소통 방법을 배운다. • 유아교육기관, 실습지도교사 등의 문제 및 단점에 대해서 비밀을 지킨다.	• 마음을 열고 실습생의 고민을 들어준다. • 솔직함은 권위를 훼손하기보다 좋은 관계를 형성하므로, 실습지도교사는 실수를 솔직하게 시인한다. • 실습생을 존중한다. • 실습생의 입장에서 이해한다. • 작은 친절에도 실습생은 고마워하므로 친절하고 따뜻하게 대한다. • 편견이나 선입견을 가지고 판단하지 않는다. • 다른 실습생과 비교하지 않는다. • 실습생의 문제나 단점에 대해서 비밀을 지킨다.

출처: 박은혜·조운주(2007). 반성적 실천을 위한 유아교육실습. 서울: 창지사.

3 유아와의 관계 형성

유아교사는 유아의 관심과 흥미에 기초한 학습 주제 선정 및 교육 내용 조직을 위한 교육과정 설계자로서의 역할, 유아의 개인차를 고려한 하루일과 계획 및 평가자의 역할, 유아의 문제 상황에 따른 적절한 개입과 중재를 통한 긍정적인 상호작용의 역할 등을 수행해야 한다. 이 중 특히 유아와 긍정적인 상호작용의 역할은 유아에게 필요한 요구와 자원을 충족시켜 줄 수 있는 직접적인 방법으로 유아의 발달과 성장에 대한 이해를 증진시키기 위한 가장 중요한 역할이 된다. 긍정적인 상호작용이 지속적일 때 유아의 감정과 정서를 파악하게 됨으로써 유아와 교사는 원만한 관계를 맺으면 신뢰감이 형성될 수 있다(이보람, 백지혜, 2020). 실습생은 실습을 통하여 이러한 유아와의 관계 형성에 대해서 경험하여야 한다.

1) 유아에 대한 준수사항

유아에 대한 실습생이 지켜야 할 준수사항(이선경, 이은정, 2007)은 다음과 같다.

- 배정된 반의 유아들에 대해 잘 알아야 하고, 지도할 경우에는 항상 사랑으로 대하고 각자의 개성을 존중해야 한다.
- 유아와의 관계는 교육적이어야 하며, 특정한 원아에 대해 편견을 갖거나 편애하면 안 된다.
- 일과 후 사적으로 밖에서 만난다거나, 가정방문 등 보호자와 개인적인 관계를 맺어서는 안 된다.
- 어떤 이유에서든지 유아에게 체벌을 가해서는 안 된다. 체벌 이외의 어떤 벌도 실습지도교사와 상의해야 한다.
- 유아에게 모범이 되는 생활태도를 보여주어야 한다.
- 유아와 그 가정에 대한 사항을 타인에게 공개해서는 안 된다.

2) 실습생과 유아와의 관계 형성

대학 강의실에서 학습자로서의 역할만 수행하던 실습생들이 유아들을 가르치고 유아들의 발달적 특성에 적합하게 상호작용하는 새로운 역할에 적응하기는 쉽지 않다.

실습생들은 실습의 과정에서 유아들과의 상호작용이 쉽지 않으며, 유아들의 긍정적인 측면뿐만 아니라 부정적인 면을 인식하게 되면서 유아들과의 관계형성에 어려움을 느끼게 된다. 이는 많은 실습생들이 경험하는 당연한 과정이지만, 동시에 많은 실습생들이 자신의 유아교사로서의 능력에 대해 좌절감을 경험하게 되는 순간이기도 하다.

실습의 초기 단계에서 실습생들은 자신이 유아들에게 잘 수용되고 유아들과 친구와 같은 관계를 취할 때 유아교육기관, 실습지도교사 및 유아로부터 인정을 받고 수용되는 것으로 생각한다. 자신이 유아들과 편안한 관계를 형성하여 유아들이 자신을 빨리 좋아하도록 만드는 것이 중요하다고 생각하여 유아들과의 관계에서 매우 허용적인 역할을 취하는데, 이런 행동은 오히려 유아교사로서의 존경심을 잃게 한다.

실습생이 유아와 긍정적인 관계 형성을 위해서는 먼저 유아를 각 개인마다 독특한 가치와 사고를 지닌 존엄한 존재로 받아들여야 한다. 특히 인종, 성에 대한 고정관념을 피하고 모든 유아들을 동등하게 대해야 한다.

유아교육기관 학급에서 실습생은 유아들에게 새로운 존재이지만 신선한 존재이다. 유아들은 종종 자신이 가지고 있는 문제에 대해서 해결하고자 할 때 학급의 담임교사보다는 자신의 의견을 더 잘 수용해 줄 것 같은 실습생에게 조언을 구한다. 이러한 경우 실습생은 자신이 유아교육기관 학급의 유아교사이면서 동시에 실습생이라는 사실을 명심하고, 반드시 유아교육기관 학급의 기본 원칙과 학급 담임교사의 교육철학에 준하여 문제를 해결하려 해야 하며, 필요한 경우 실습지도교사의 도움을 받아서 문제를 해결해야 할 것이다.

실습생과 유아와의 관계에 있어서 최상의 전략은 진실함과 솔직함이다. 실습생과 유아의 관계는 복잡하다. 이 관계는 중요하고, 매우 밀접하며, 때로는 강력하지만 결코 가족관계나 우정처럼 개인적이거나 감정적이어서는 안 된다. 실습생-유아 관계의 적절성을 판단하는 최선의 기준은 실습생이 유아의 학습에 도움을 줄 수 있느냐 하는 것이다(조부경, 김정화, 2005). 또한, 예비교사인 실습생과 유아와의 관계는 수평적이어야 하며, 지시와 명령적 상호작용이 이루어져서는 안 된다.

3) 아동학대 예방

최근 들어 우리는 매스컴을 통해서 가정과 기관에서 이루어지는 아동학대와 관련된 뉴스들을 자주 접하게 되었다. 아동학대에 대한 이러한 이슈는 과거에 비해 오늘날 아동학대의 빈도가 높아져서 나타난 현상이 아니라 우리 사회 구성원들의 아동학대에 대한 인식이 변화하였음을 나타내는 결과이다.

과거에 우리 사회 구성원들이 아동학대로 인식하지 못했던 부분을 아동학대로 인식하게 되었고 이에 대한 심각성을 깨닫게 된 결과라고 할 수 있다.

예비유아교사인 실습생은 아동학대에 대한 정의, 아동학대의 유형, 아동학대 신고의무 등을 인식하고 이를 예방할 수 있는 소양을 길러야 할 것이다.

1989년 UN총회에서 아동의 권리보호를 목적으로 UN아동권리협약이 만들어졌으며 우리나라는 1991년에 가입하게 되었다. 아동은 만 18세 미만의 아동을 의미하며 UN아동권리협약에 제시된 아동의 4대 권리는 생존권, 보호권, 발달권, 참여권이다.

〈UN아동권리협약에 제시된 아동의 4대 권리〉

생존권	보호권
• 적절한 생활수준을 누릴 권리 • 안전한 주거지에서 살아갈 권리 • 충분한 영양을 섭취 받을 권리 • 기본적인 보건서비스를 받을 권리	• 학대, 방임, 차별, 폭력, 고문, 과도한 노동, 약물과 성폭력 등 어린이에게 유해한 것으로부터 보호받을 권리
발달권	**참여권**
• 잠재능력을 최대한 발휘하는 데 필요한 권리 • 교육받을 권리 • 여가를 즐길 권리 • 문화생활을 하고 정보를 얻을 권리 • 종교의 자유를 누릴 권리	• 의견을 말하고 존중 받을 권리 • 표현의 자유, 종교의 자유, 의견을 말할 권리 • 사생활을 보호받을 권리 • 유익한 정보를 얻을 권리

아동학대란 아동의 권리가 침해되거나 보호받지 못하는 모든 상황으로 아동복지법 제3조 제7항에 '보호자를 포함한 성인이 아동의 건강 또는 복지를 해치거나 정상적 발달을 저해할 수 있는 신체적·정신적·성적 폭력이나 가혹행위를 하는 것과 아동의 보호자가 아동을 유기하거나 방임하는 것'이라고 정의하고 있다.

이러한 아동학대의 유형으로는 신체적 학대, 정서·언어적 학대, 성적 학대, 유기·방임이 있다.

첫째, 신체적 학대는 신체적 손상을 입히거나 신체손상을 입도록 허용한 모든 행위가 이에 해당된다.

〈신체적 학대의 구체적 예와 징후〉

구체적 예	징후
• 손, 발 때림 • 꼬집고 물어뜯는 행위 • 조르고 비트는 행위, 할퀴는 행위 • 도구로 때림 • 흉기 및 뾰족한 도구로 찌름 • 강하게 흔듦. 신체 부위 묶음 • 벽에 밀어붙임, 아동 던짐, 거꾸로 매닮, 물에 빠트림 • 화학물질 혹은 약물 등으로 신체에 상해를 입힘 • 화상을 입힘	• 다치기 어려운 부위의 상처 • 할퀴거나 손으로 맞은 자국 • 체벌 도구가 드러나는 상처 • 화상자국

둘째, 정서·언어적 학대는 언어적 모욕, 정서적 위협, 감금이나 억제, 기타 가학적인 행위가 이에 해당된다.

〈정서·언어적 학대의 구체적 예와 징후〉

구체적 예	징후
• 원망적, 거부적, 경멸적인 언어폭력 • 잠을 재우지 않는 것 • 벌거벗겨 내쫓는 행위 • 형제나 친구 등과 비교, 차별, 편애하는 행위 • 가족 내에서 왕따 시키는 행위 • 아동이 가정폭력을 목격하도록 하는 행위 • 아동을 시설 등에 버리겠다고 위협하는 행위 • 짐을 싸서 쫓아내는 행위 • 미성년자 출입금지 업소에 아동을 데리고 다니는 행위 • 감금, 약취 및 유인, 아동 노동 착취 등 아동이 감당하기 어려운 것을 강요하는 행위 • 다른 아동을 학대하도록 강요하는 행위	• 집에 가기 두려워함 • 양육자에 대한 두려움 • 우울 혹은 공격성을 보이는 극단적 행동 • 욕설 등 좋지 못한 언행 사용

셋째, 성적 학대는 성인이 자신의 성적 충족을 목적으로 18세 미만의 아동에게 행하는 모든 성적 행위가 이에 해당된다.

〈성적 학대의 구체적 예와 징후〉

구체적 예	징후
• 아동의 옷을 벗기거나 벗겨서 관찰하는 행위 • 성관계 장면을 노출, 나체 및 성기 노출 • 자위행위 노출 및 강요, 음란물을 노출하는 행위 • 아동을 성적으로 추행하는 행위 • 아동에게 유사성행위를 하는 행위 • 성교를 하는 행위 • 성매매를 시키거나 성매매를 매개하는 행위	• 나이에 맞지 않는 성 지식과 성적 행동 • 어른에 대한 갑작스런 거부 • 폭식, 거식 • 악몽 등의 수면장애

넷째, 방임은 아동을 위험한 환경에 처하게 하거나 아동에게 필요한 의식주, 의무교육, 의료적 조치 등을 제공하지 않는 행위이며, 유기란 보호자가 아동을 보호하지

않고 버리는 행위가 이에 해당된다.

〈유기·방임의 구체적 예와 징후〉

구체적 예	징후
• 불결한 환경이나 위험한 상태에 아동을 방치하는 행위 • 기본적인 의식주를 제공하지 않는 행위 • 아동의 출생신고를 하지 않는 행위 • 보호자가 아동을 가정 내 두고 가출한 경우 • 보호자가 연락 없이 아동을 친족 집 근처에 두고 사라진 경우 등 • 특별한 사유 없이 학교에 보내지 않는 것 • 아동의 무단결석을 방치하는 행위 • 아동에게 필요한 의료적 처치 및 개입을 하지 않는 행위 • 아동을 보호하지 않고 버리는 행위 • 아동을 병원에 입원시키고 사라진 경우 • 시설 근처에 버리고 가는 행위	• 아동의 위생, 영양 상태 불량 • 계절에 맞지 않는 의복 차림 • 학교나 병원에 가지 않는 생활

유아교육기관 종사자는 아동학대 신고의무자로서 세심한 관찰을 통하여 아동이 나타내는 아동학대의 징후를 발견하고 의심만 되어도 신고하여야 하며, 조사와 수사에 적극적으로 협조해야 한다.

4) 성인지 감수성

최근 양성평등, 성인지 인식 등 성(gender)과 관련된 인식 개선을 위해 새롭게 부각되는 개념 중 하나가 바로 성인지 감수성(gender sensitivity)이다. 유아교육분야에서도 성인식 고취의 일환으로 양성평등교육의 중요성이 강조되고, 유아교사의 성에 대한 인식이 유아에게 미치는 높은 영향력이 강조되고 있다(이혜정, 오선영, 김은심, 2018).

성인지 감수성(gender sensitivity)은 개인의 성별에 따른 차이의 불균형으로 인한 다양한 영향력 등에 대한 이해력과 지식으로, 성과 관련된 이슈와 성별에 따른 차이와 차별을 민감하게 인지하며, 이를 통해 일상의 성차별과 불평등을 비판할 줄 알고 궁극적으로는 성평등한 사회를 위해 변화하려는 노력과 실천의지이다(권희경, 2018; 김성희 외, 2019; 안상수 외, 2012; 소연희, 2021).

성인지(gender)는 성(sex)과는 다른 개념으로 소연희(2021)는 성인지(gender)와 성(sex)의 차이를 다음과 같이 제시하였다.

〈생물학적 성(sex)과 사회문화적 성(gender)의 개념 정의〉

sex	gender
여성과 남성의 생물학적 차이, 태어나면서부터 갖는 특성으로 변하지 않는다.	여성과 남성의 사회문화적 차이, 사회적 환경과 문화에서 비롯되어 여성으로서, 남성으로서 적합하다고 기대되는 행동, 특성, 역할과 여성과 남성의 관계를 포함한다.

성인지 감수성의 구성요소를 소연희(2021)는 성인지 감수성을 사회문화적 성 관련 이슈와 성차별에 대해 알고(인지) 일상의 성차별과 불평등을 느끼고(환경) 변화하고자 하는 행동(의지)의 3가지 측면과 하위 요소로 나누어 구성하였다.

〈성인지 감수성의 구성요소〉

성인지 감수성 구성요소와 구조		
인지	의지	환경
• 성평등 의식 -공적 영역 -가정 -학교	개방성	• 사회 이슈에 대한 의식과 태도 -여성의 권리 요구(페미니즘, 미투) -미디어와 일상의 혐오 현상
	자기성찰	
• 성역할 해방 의식 -성역할 고정관념 -부계 중심적 가족 제도	비폭력	

특히 유아기는 고정관념과 편견이 형성되는 시기로 유아기에 이루어진 고정관념과 편견은 성인이 되어서도 변화되기 어려우므로 유아기에 편견을 갖지 않도록 양성평등교육을 하는 것이 효과적이다(김완신, 2002).

교실에서 교사 역할의 중요성은 아무리 강조해도 지나치지 않는다. 교사의 말 한마디, 움직임 하나하나가 학생들의 행동 양식에 큰 영향을 미친다. 교사의 가치관은 교육과정에 여실히 녹아나며 학급 운영과 생활 지도를 통해 표출된다. 따라서 학교 및 교실의 젠더 문화 형성에는 교사의 역할이 중요하다(소연희, 2021). 따라서 예비유아교사인 실습생은 올바른 성인지 감수성을 바탕으로 유아들과 상호작용할 수 있는 소양을 갖추어야 하며, 이러한 소양을 함양하는 데 노력을 기울여야 한다. 또한 예비유아교사들은 그들의 일생을 통하여 이미 이루어진 성에 대한 고정된 신념을 가지고 있으며, 그것은 교수 전반에 영향을 미치므로, 예비유아교사 자신의 신념이 유아들에게 미칠 영향을 깨닫고 인식할 수 있도록 대학에서는 양성평등교육을 적극적이고 구체적으로 실시하여야 할 것이다.

4 기타 실습 관계자와의 관계 형성

1) 교직원과의 관계 형성

실습생들은 실습기간 동안 실습기관에 재직하고 있는 모든 교직원들과 관계를 맺게 된다.

실습생이 유아교육기관의 교직원들과 원만한 관계를 형성하기 위해 가져야 할 태도를 이선경과 이은정(2007)은 다음과 같이 제시하였다.

- 기관에 속한 교직원에게 밝게 인사하고, 좋은 인상을 가지도록 한다.
- 취사 담당자나 차량 운행 담당자에게도 예의 바르게 대한다.
- 교직원들에게 예의를 지키고 원만한 인간관계를 유지하도록 노력하며, 밝고 명랑하고 적극적인 태도로 지내야 한다.
- 실습지도교사와 좋은 관계를 유지하며 가르침을 익히도록 한다.
- 실습지도교사의 좋은 피드백과 평가를 꼼꼼히 점검해 수업에 반영하도록 한다.
- 실습생은 항상 배운다는 자세로 원장 및 실습지도교사의 지도를 성실하게 받아들여야 한다.

2) 동료 실습생과의 관계 형성

실습생들은 모든 측면에서 다른 실습생보다 좋게 보이려고 노력하게 된다. 그러한 과정에서 실습생들은 서로에게 지나친 경쟁의식을 가지게 되고, 갈등을 겪는 경우도 종종 발생한다. 이뿐만 아니라 실습기간 중에는 모두가 피곤하고 긴장되어 있기 때문에 사소한 일에도 오해가 생기고 갈등이 생기기 쉽다. 이렇게 힘들고 어려운 과정에서는 같은 입장에 있는 동료들과 경쟁을 하기보다는 같은 기관에 배정된 실습생들끼리 모든 일에 협조하는 태도를 가지는 것이 중요하다(박은혜, 2005).

3) 학부모와의 관계 형성

실습생이 부모와 직접적으로 접촉할 기회는 많지 않으나, 실습을 통해서 부모와 우호적인 관계를 형성하는 방법을 학습하는 것은 중요하다.

그러나 부모와 우호적 관계를 형성하는 과정에서도 항상 명심해야 할 부분은 유아교육기관 학급의 책임자는 학급의 담임교사이며, 본인은 유아교사이지만 동시에 실습생임을 명심해야 한다.

부모들은 실습생의 역할을 잘 알지 못하여 유아의 유아교육기관 생활에 대한 질문을 하기도 한다. 유아교육현장에서 보면, 유아교사와 부모의 관계는 매우 중요하고 예민하며, 학급의 책임은 실습지도교사에게 있으므로 모든 관련된 사항은 실습지도교사와 의논해야 한다(윤기영 외, 2011).

따라서 학부모와의 관계 형성의 모든 상황에서는 학급의 기본 철학, 담임교사의 교육 방침 등의 기본적인 기준을 준수하는 범위에서 적절한 관계를 형성해야 할 것이다.

생각해 봅시다

1. 다음의 상황에서 실습생은 어떤 행동을 취해야 할까요?

> 실습 2주차 실습생으로 어느 정도 유아교육기관, 학급, 유아, 부모와 친숙해지고 있다. 아침 등원 시간에 내가 좋아하는 동우의 어머니가 "선생님, 동우가 낮잠 시간에 낮잠을 자는 것이 싫다고 하는데 낮잠을 재우지 않았으면 해요."라고 하신다.

2. 성공적인 실습을 위해서 실습생은 어떤 자세를 갖추어야 할까요?

5장

효과적인 실습 실행

학교현장실습은 예비유아교사가 이론과 실제를 통합하는 경험을 통해 자신의 유아교사로서의 전문성을 신장시키고, 유아교사로서의 가치관을 형성하는 기간이다. 이에 본 장에서는 첫째, 실습기간 동안 예비유아교사가 경험해야 할 실제 내용들의 핵심을 실습 초기, 중기, 후기로 구분하여 정리하였다. 둘째, 예비유아교사가 실습기간 동안 어떤 내용을 경험하고 실습하여야 하는지에 대하여 일과활동별로 소개하였다. 셋째, 실제 유아들을 지도하는 과정에서 교수-학습활동을 어떻게 구성해야 하는지에 대하여 소개하였다.

1 실습 중점사항

1) 실습 초기 실행내용

교육실습은 4주간의 기간으로 이루어지기 때문에 보통 실습 초기를 첫 1주간으로 보고 있으나 보육실습의 경우 6주간의 기간으로 이루어지기 때문에 기관에 따라서 1주차와 더불어 2주차까지를 초기로 여기기도 한다. 이는 어린이집에서는 만3~5세의 유아보다는 0~2세의 영아도 만나게 되기 때문에 낯가림이 심한 영아와의 라포가 잘 형성되어야 하기 때문이다. 따라서 실습 초기에는 학급의 영유아와 친밀감이 형성될 수 있도록 노력하는 것이 매우 중요하다.

실습을 지도하는 기관에서는 보통 첫 1~2주간은 특별한 과제를 부여하지 않고 예비유아교사가 유아와의 친밀감을 형성할 수 있도록 하루일과 중심의 일상생활을 경험하도록 지원한다. 즉, 예비유아교사에게 보조인력으로써 별도의 직무를 부여하기보다는 영유아교육기관의 특성과 교사의 직무를 전반적인 측면에서 이해할 수 있도록 학급 안에서 시간을 보낼 수 있도록 해야 한다.

따라서 이 기간에는 실습지도교사의 융통성 있는 하루일과 운영모습을 관찰하며, 실습지도교사의 지도에 따라 유아교사로서의 일과생활을 경험해 볼 수 있다. 이때 예비유아교사는 학급의 유아 이름과 개인특성을 가능한 빠른 시일 내에 익힐 수 있도록 하여 영유아와의 충분한 친밀감을 형성할 수 있도록 해야 한다. 영유아의 교육은 성인과는 다른 방식으로 이루어진다. 즉, 교사-유아 간 관계가 먼저 형성된 후에야 비로소 교육이 이루어질 수 있으므로, 실습 초기를 적응기간으로 보고 그냥 흘려보내는 것이 아니라 영유아와의 관계를 형성하는 시간으로 보아야 할 것이다(최은지, 소진희, 김영미, 2021).

따라서 실습 초기에는 예비유아교사가 자유선택활동 시간의 놀이관찰 및 지원, 그리고 영유아와의 상호작용이 활발하게 이루어지도록 해야 한다. 더불어 실습지도교사는 하루일과를 융통성 있게 운영하는 모습을 보여주어 예비유아교사가 유아교육기관의 하루일과를 경험할 수 있도록 돕는 것이 바람직하다.

- **중점지도사항 :** 영유아와의 라포 형성, 하루일과에 대한 적응, 일상생활행동 습득, 유아-유아교사 간 상호작용

2) 실습 중기 실행내용

실습 중기는 교육실습의 경우 2주차~3주차, 보육실습의 경우는 3주차~5주차로 보고 실습을 지원한다. 이 기간에 예비유아교사는 점진적으로 교수-학습을 경험할 수 있는 기회를 가지게 되며, 관찰자가 아니라 학습의 일원으로써 참여하게 된다. 특히 영유아와의 관계가 형성되고 영유아의 놀이를 관찰, 지원하게 되면서 예비유아교사는 영유아의 문제행동이나 갈등상황을 직면하게 된다. 실습 초기에는 학급의 규칙이나 학급담임인 실습지도교사의 교육방침에 대해 잘 알지 못하기 때문에 적극적으로 참여하기 어려운 경우가 많다. 그러나 영유아와 충분한 라포가 형성되고, 학급의 규칙이나 실습지도교사의 중재방법을 습득하게 되면서 예비유아교사는 실제적인 문제상황에 자연스럽게 참여하게 된다. 따라서 예비유아교사는 실습지도교사에게 학급에서의 문제상황 해결방법에 대해 충분히 물어보고 실습지도교사의 지침에 따라 영유아의 문제상황을 중재할 수 있도록 해야 한다.

또한 실습 중기에는 예비유아교사가 하루일과를 통하여 유아의 행동을 관찰하고 평가하며, 개인차를 고려한 교수-학습이 이루어질 수 있도록 기회를 제공하여야 한다. 예비유아교사는 이 기간을 이론과 실제를 통합할 교수-학습을 전개하는 기회로 보고 적극적인 태도로 참여하는 것이 바람직하다. 일반적으로 예비유아교사가 교수-학습을 실천하고자 할 때 처음에는 한 개의 단위수업을 시범적으로 지도하여 교수-학습에 대해 이해할 수 있도록 지원한다. 그리고 단위수업이 잘 이루어지면 추

후에는 두 개의 단위수업을 연결하여 주제별 수업을 진행할 수 있도록 연계수업을 계획, 실행하도록 지도한다. 이때 예비유아교사는 수업 계획안을 작성하는 방법과 유아의 발달에 적절한 난이도를 설정하는 방법, 그리고 유아의 흥미를 고려한 교수-학습방법을 선택하는 과정을 경험하게 된다(김지영, 2021).

이때 유의할 사항은 영유아는 발달 특성상 개인편차가 크다는 점이다. 따라서 영유아 개개인에 대한 관찰, 관찰에 의한 교육-학습의 실행, 그리고 평가가 매우 섬세하게 이루어져야 한다. 이러한 관찰-교육-학습의 실행-평가의 과정은 순환적으로 이루어지며, 교육적 처치에 대한 평가에 따라 예비유아교사와 유아가 상호존중의 관계를 형성할 때 성공적으로 이루어질 수 있다. 따라서 예비유아교사는 영유아를 존중하고 영유아에게 존중받을 수 있도록 배려해야 한다.

- **중점지도사항 :** 관찰기록 작성 및 평가, 문제상황 중재, 수업 계획안 작성 및 평가

3) 실습 후기 실행내용

실습 후기는 교육실습의 경우 4주차, 보육실습의 경우 6주차에 해당되는 기간으로 본다. 즉, 실습의 마지막에 해당되며 실습 초기와 중기의 경험을 통찰하고, 교육현장에 투입될 '영유아교사'로서의 모습을 완성해야 하는 기간이다. 따라서 이 기간에는 영유아교사로서 하루일과를 '계획-운영-평가'하는 과정을 경험하도록 지도해야 한다. 특히 하루일과를 운영함에 있어 시간분배나 활동의 전이 등 예비유아교사의 운영이 미숙한 부분에 대하여 세심한 지도가 필요하다.

- **중점지도사항 :** 수업 계획안 작성, 주의집중 및 전이시간 활용방법, 돌발상황 대처

4) 교육행정 경험하기

교육교사는 유아교사로서 하루일과를 운영하는 것 외에도 다양한 업무를 수행하게 된다. 기타 실습경험에서는 원의 특성에 따라 실습 주차에 상관없이 다양한 경험을 제공할 수 있다. 특히 교육업무 이외의 교육행정 업무를 처리하는 경험도 제공할 수 있도록 한다.

• **중점지도사항 :** 견학지도, 행사계획, 학부모상담, 차량운행 지도, 영역별 환경구성 등

2 일과활동별 예비유아교사의 행동지침

1) 등원지도

아침등원은 영유아가 기분 좋게 하루를 시작할 수 있도록 돕는 시간으로 영유아의 기분이나 건강상태 및 가정에서의 주요 전달사항을 파악하는 매우 중요한 시간이다. 영유아가 환영받는 느낌을 가질 수 있도록 환한 미소로 영유아의 이름을 불러주며 맞이하고, 어젯밤 잠을 잘 잤는지, 아침은 든든히 먹었는지, 오늘 기분은 어떤지 등 일상대화를 나눔으로써 친밀감을 형성할 수 있도록 해야 한다. 특히 기분이 나빠 보이거나 건강상태가 좋지 않아 보이는 경우에는 아침에 무슨 일은 없었는지, 어디가 아픈지 물어보고 영유아의 마음을 달래줄 필요가 있다. 건강상태에 문제가 있다고 판단되는 경우, 실습지도교사에게 재빨리 전달하여 실습지도교사가 확인해 볼 수 있도록 대처한다. 등원지도의 주요내용은 다음과 같다.

- 영유아와 인사 나누기
- 영유아의 기분 및 건강상태 파악하기
- 영유아의 신발 및 외투, 가방 정리 돕기
- 출석카드, 알림장 등 가정연계사항 점검하기
- 투약의뢰서 확인 및 약물 점검하기(냉장보관 확인)
- 교실 내 다른 친구와 인사 나누도록 돕기

2) 자유놀이

자유놀이는 대부분의 경우 등원시간과 이어지는 시간으로 교실에 구성된 여러 흥미영역활동을 자발적으로 선택하여 놀이할 수 있는 시간이다. 특히 어린이집의 0~2세는 대집단활동이 실시되지 않고 모든 교수-학습이 자유놀이로 이루어지기 때문

에 영유아의 교육에서 매우 중요한 시간으로 다루어진다. 자유놀이가 활발하게 전개되기 위해서는 놀이주제에 적절한 교구들을 다양하게 마련하는 것이 필요하다. 그러나 예비영유아교사의 경우, 흥미영역을 구성하는 과정을 경험하기는 다소 어려움이 따르므로 영유아들이 흥미영역에 활발하게 참여할 수 있도록 격려하고 영유아–영유아, 영유아–교구, 영유아–영유아교사 간 상호작용이 적절히 이루어지도록 돕는 것에 중점을 두도록 한다. 이를 위해 예비유아교사는 교실에 배치된 영역의 교구활용 방법을 사전에 숙지하는 것이 필요하다(김지영, 2021).

또한 자유놀이 시간에는 영유아 간 갈등이 발생할 가능성이 높다. 따라서 영유아 간 갈등상황에 대하여 스스로 해결할 수 있도록 지켜볼 것인지, 참여하여 중재할 것인지 판단하고 참여하여 중재할 경우 적절한 중재방법을 선택하여야 한다(김주영, 2021). 예비유아교사의 중재로 가장 바람직한 방법은 교실에서의 규칙을 따르는 방법이다. 교실 내에서의 규칙은 주로 학기 초 담임교사와 영유아들이 협의하여 교실에서 지켜야 할 약속으로 지정하는 경우가 많다. 그러므로 예비유아교사는 우선 교실 내의 규칙에 대해 우선 숙지하여야 한다. 대개의 경우 교실 내에 실습지도교사가 함께 있기 때문에 실습지도교사의 갈등상황 해결방법을 관찰하고 적용하는 것이 바람직하다. 그러나 실습지도교사라 할지라도 항상 바람직한 해결방안을 제공하는 것은 아니다. 그러므로 예비유아교사는 실습지도교사의 갈등상황 중재방안을 참고하되, 만약 내가 담임교사라면 어떻게 대처할지를 반성적으로 생각해 볼 필요가 있다. 자신이 가진 전문지식을 바탕으로 효과적인 중재방안을 스스로 모색해 가는 과정을 통해 영유아 교사로서의 가치관을 형성할 수 있다. 효과적인 자유놀이 지도를 위한 주요 내용은 다음과 같다.

- 자유놀이가 흥미롭고 다양하게 전개되도록 영유아를 격려한다.
- 영유아가 주도적으로 놀이활동을 선택할 수 있도록 돕는다.
- 놀이활동을 잘 선택하지 못하는 영유아를 배려하고 도와준다.
- 영유아가 자유놀이를 통하여 성취감과 자율성을 높일 수 있도록 격려한다.
- 영유아의 놀이가 한정적일 때 새로운 사고를 확장할 수 있도록 상호작용을 제공한다.
- 자유놀이의 시작과 마무리가 편안하게 이루어지도록 유도한다.
- 영유아의 놀이활동을 관찰하여 영유아의 개별적 놀이나 소집단 놀이가 확장되

도록 돕는다.
- 영유아의 요구나 흥미에 민감하게 반응하고 대처한다.
- 활동이 끝난 후 교구를 제자리에 정리하도록 격려한다.

영유아와의 상호작용

- 밝은 얼굴로 영유아와 대화하며 영유아의 작은 행동과 말에도 관심을 기울인다.
- 또래 간 긍정적 상호작용(나누기, 협동, 배려, 도와주기 등)을 자주 격려한다.
- 영유아 간 갈등상황이 발생할 경우 개입여부를 신중히 판단하여 대처한다.
- 영유아의 행동을 칭찬과 격려, 이유 설명, 대안 제시 등 긍정적 방법으로 지도한다.
- 영유아로 하여금 다른 사람이 어떻게 느낄지에 대해 생각해 볼 기회를 갖도록 하고 왜 그렇게 행동했는지 이유를 묻는다.
- 영유아의 놀이에 방해되지 않도록 신중히 관찰하고 꼭 필요할 때 개입한다.
- 공격적인 행동을 하거나 화를 내는 영유아에게는 조용한 어조로 설명하고 설득한다.
- 판단이 서지 않는 상황에 대해 실습지도교사에게 보고하고 조언을 구한다.
- 영유아의 눈높이를 고려하여 자세를 낮추고 대화한다.

(1) 언어영역에서의 활동지도

- 영유아가 표현하는 행동이나 언어, 이야기를 주의 깊게 듣고 민감하게 반응한다.
- 영유아가 생각을 표현하면 받아주거나 격려한다.
- 영유아의 이야기나 행동을 듣고 명확한 단어와 문장으로 다시 말해준다.
- 상황에 맞는 표현을 사용하고 언어로 표현해 준다.
- 영유아의 읽기, 듣기, 말하기, 쓰기활동이 통합적으로 이루어지도록 고려한다.

(2) 수·조작영역에서의 활동지도

- 영유아가 활동에 몰입할 수 있도록 배려한다.
- 사물 만져보기, 순서대로 쌓기, 퍼즐 맞추기 등 영유아의 발달을 고려하여 놀이를 제시한다.
- 다방면의 관점을 제공하여 다양한 탐색이 이루어지도록 돕는다.
- 게임으로 제공된 활동에 참여하여 놀이구성원으로 함께 놀이한다.

- 영유아가 가진 호기심이 활동으로 연계되도록 지원한다.
- 다양하고 창의적인 방법으로 놀이활동을 전개하도록 지원한다.
- 게임활동 시 규칙을 지키면서 놀이할 수 있도록 지원한다.

(3) 음률, 미술영역에서의 활동지도

- 소리, 음악, 몸 움직임, 춤, 만들기 등 다양한 방법을 사용한다.
- 다양한 소품을 제공하여 영유아의 흥미를 확대시킨다.
- 영유아교사용 물건(가위, 칼) 등을 영유아의 손이 닿지 않는 곳에 보관하며, 늘 주의를 기울인다.
- 등을 돌리고 피아노를 치는 등 영유아에게서 시선을 떼지 않도록 한다.
- 창의적으로 독창적인 표현을 할 수 있도록 격려한다.
- 영유아가 완성한 작품을 격려한다.
- 아직 글씨를 못 쓰는 영유아를 위하여 영유아의 작품결과물에 제목, 이름, 내용 등을 받아 적어준다.

(4) 역할, 쌓기영역에서의 활동지도

- 다양한 소품의 활용을 통해 상상놀이에 몰입할 수 있도록 격려한다.
- 영유아가 선택하는 놀이활동에 대해 격려하고 놀이활동에 참여한다.
- 놀이가 활성화되지 않을 때 적절히 개입하여 활성화를 꾀한다.
- 놀이에 대한 흥미를 잃게 되는 시점이나 다른 놀잇감이 필요할 때 적절히 개입하고 참여한다.
- 영유아의 놀이활동을 관찰하고 비슷한 영역에서 확장된 놀이를 경험하도록 유도한다.
- 놀이활동 시 넘어지거나 부딪치는 영유아가 없도록 주의를 기울인다.
- 블록을 지나치게 높이 쌓고 무너뜨리는 경우 주변의 영유아가 다칠 수 있으므로 주의한다.
- 실습지도교사의 방침을 참고하되, 실내에서 거친 놀이(싸움놀이, 전쟁놀이 등)가 발생하지 않도록 주의를 기울인다.

3) 모임활동

(1) 유아를 대상으로 한 모임활동

유아를 대상으로 한 모임활동은 대집단 활동과 소집단 활동으로 구성되며, 놀이주제와 관련된 내용을 교육하고자 할 때 적절한 방법이다. 특히 영유아들을 대상으로 한 모임활동은 예비유아교사가 수행해야 하는 주요 과제로써 부분수업 전개 시 반드시 경험해야 하는 내용이라 할 수 있다. 대집단 활동의 경우 이야기나누기, 동화, 동시, 동극, 새 노래배우기, 신체활동 및 게임 등 다양한 주제로 이루어지며, 이러한 대집단 활동은 유아들이 놀이주제를 탐색하도록 돕는 주요 활동으로 구분된다. 특히 이러한 활동은 내용전개에 있어 특별한 경우를 제외하고 매일 새로운 활동으로 구성되며, 유아의 흥미와 발달수준을 고려하여 제공하여야 한다. 소집단 활동의 경우 주로 자유놀이와 병행하여 수행되는 경우가 많은데, 주로 미술활동이나 모둠토의활동, 새로운 교구의 소개활동 등이 소집단 활동에 적절하다. 모임활동의 주요 내용은 다음과 같다.

- 놀이주제에 적절한 내용을 선정하여 계획, 실천한다.
- 선정한 수업내용을 고려하여 대집단 활동과 소집단 활동을 선택한다.
- 손유희나 노래부르기 등 다양한 주의집중방법을 활용한다.
- 활동에 참여하지 않는 유아가 없도록 배려한다.
- 유아교사 주도의 대집단 활동을 지양하고, 유아의 흥미를 반영한 활동으로 구성하되 유아가 가능한 높은 주도성을 가지고 참여하도록 한다.
- 새로운 개념이나 기술에 대해 성인의 언어로만 설명하고 일방적으로 지시하는 형태가 되지 않도록 주의한다.
- 유아의 다양한 사고나 창의적 표현, 자발성 등을 격려한다.

(2) 영아를 대상으로 한 모임활동

어린이집의 영유아들의 경우 모임활동을 계획하여 실행하지 않는다. 하루일과에서 실시되는 거의 모든 교수-학습은 자유놀이로 구성되어 있고, 영아 개개인의 흥미와 발달을 고려하여 개별적인 교수-학습이 이루어진다. 따라서 영아를 대상으로 한 모임활동은 모임활동으로 수업을 계획하는 것이 아니라 영아 개개인의 놀이를 확장시키는 놀이활동으로 제공된다. 예컨대, 자유놀이를 하는 과정에서 책읽기에 흥미를 보이는 영아가 있을 경우, 교사가 다가가 "선생님이 책 읽어줄까?"라고 질문하고 영아가 이에 반응을 보일 경우 동화책을 읽어준다. 선생님이 동화책을 읽어주면 그 주변에서 놀고 있던 다른 영아들이 흥미를 보이며 다가오게 되는데, 이 영아들이 선생님 주변에 모여서 함께 동화책을 듣게 되면 자연스러운 형태의 모임활동이 이루어지는 것이다. 따라서 영아를 대상으로 한 모임활동은 놀이주제에 따라 미리 계획되어지나, 영아의 선택이나 흥미에 따라 실천되는 것이 일반적이다. 놀이에 관심이 없거나 흥미를 보이지 않는 영아 개인을 대상으로 놀이를 제안하는 방식으로 시작하되, 관심을 보여 다가오는 영아들과 함께 시행되는 것이다. 영아를 대상으로 한 모임활동의 주요 내용은 다음과 같다.

- 놀이주제와 관련 있는 활동을 미리 예측하여 준비한다. 예컨대 놀이주제가 '다양한 모양'이라면 블록으로 동그라미, 세모, 네모 만들어보기, 색종이로 모양 접기, 모양종이에 색칠하기, 주제관련 동화책 준비하기 등 영아에게 제안할 놀이를 미리 구상해 놓는 방식이다.
- 놀이가 잘 진행되지 않는 영아를 파악하여 놀이를 제안한다.
- 영아의 놀이가 기능놀이 수준에 머물러 있는 경우, 교사가 옆에 앉아 병행놀이를 하면서 교사의 놀이를 보고 따라 할 수 있도록 지원한다.
- 단순하고 반복적인 놀이를 좋아하는 영아의 놀이특성을 고려하여 활동이 복잡하지 않고 쉽게 따라 할 수 있도록 구성한다.
- 활동을 진행하는 과정에서 영아의 흥미가 바뀌거나 교사가 준비한 방향대로 진행되지 않는 경우, 영아의 흥미를 따라 활동을 융통성 있게 바꾸거나 영아의 흥미에 따라 다른 놀이를 할 수 있도록 활동을 종료한다.

4) 급·간식 지도

영유아교육기관에서의 급·간식 시간은 영유아의 건강 및 영양관리를 위한 중요한 활동 중 하나이다. 영유아들이 급·간식 시간에 지켜야 할 위생과 안전규칙을 숙지해 급·간식 지도에 만전을 기하도록 한다. 특히 급·간식 시간은 식생활 습관형성 및 공공장소에서의 식사예절을 익힐 수 있는 기회이므로, 영유아들이 건강하고 바른생활을 유지할 수 있도록 해야 한다. 예를 들어 급·간식 시간의 약속으로는 골고루 먹기, 남기지 않도록 노력하기, 음식을 다 삼키고 말하기, 작은 소리로 이야기하기, 제자리에 앉아서 먹기, 먹은 후 정리하기 등의 규칙이 있다. 최근 식사지도와 관련하여 영유아의 편식습관을 고친다는 명목하에 부적절한 지도가 이루어지는 몇몇 사례가 보도되었다. 영유아교육기관에서의 식사지도는 영유아들이 음식을 남기지 않고 먹는 것이 아니라, 건강한 식습관을 형성하는 데 목적을 두어야 한다는 점을 간과해서는 안 된다. 바람직한 급·간식 지도를 위해서는 우선 실습지도교사의 식사지도 모습을 관찰하되, 영유아들이 먹기 싫어하거나 남기려 할 경우 어떻게 대처해야 하는지 반드시 질문하여 원에서의 대처방법을 숙지하도록 한다. 이는 급·간식의 경우 가정의 특수성이 반영되는 부분이 많으므로 개별 영유아에 따라 식사지도 방법이 다른 경우가 있기 때문이다. 또한 개별 영유아의 알레르기 반응에 따라 가려야 할 음식이 있는 경우도 많다. 만일 교사가 영유아의 알레르기 유발 음식을 숙지하지 못한다면 영유아에게 심각한 상황을 초래할 수 있으므로, 반드시 개별 영유아의 알레르기 유발 음식을 고려한다.

- 손 씻기 방법 및 손을 씻어야 하는 상황 안내하기
- 점심/간식 메뉴 소개 및 맛있게 먹을 수 있도록 안내하기
- 배식하기 및 기다리기
- 감사인사하기
- 골고루 먹도록 격려하기
- 점심/간식을 쏟거나 흘렸을 때 정리 돕기 및 뒤처리하기
- 배식 전 책상 닦기 및 영유아교사 손씻기(위생관리)
- 다 먹은 후 그릇 정리하기 돕기 및 환기하기
- 먹은 후 양치돕기

5) 실외활동

실외활동은 영유아의 전인적인 발달에 매우 중요한 것으로 여겨져 왔으며(송선여, 권경숙, 2021), 영유아의 활동을 확장시키고 실내에서의 계속적인 집중으로 인한 긴장을 완화시켜 주는 중요한 활동이다(이지현, 이경연, 2021). 실외환경은 실내와 달리 공간적인

제약이 적고, 신체의 움직임이 활발히 일어날 수 있는 공간적 특성을 가지기 때문에 영유아에게 독특한 놀이경험을 제공한다(홍경섭, 장상옥, 2021). 또한 실외활동은 마음껏 소리를 지르고 거칠고 모험적인 놀이가 허용되며 활발한 대근육활동이 빈번하게 발생하는 장소이기도 하다. 이에 실외활동은 영유아의 인지능력, 사회적 기술, 의사소통의 발달을 도모하고(송선여, 권경숙, 2021), 영유아의 일상적인 스트레스를 감소시키며(김명순, 신혜영, 신보원, 남진경, 2021), 정서적인 안정감을 제공하는 중요한 시간이다. 이와 같은 실외놀이의 중요성에도 불구하고, 많은 영유아교육기관이 전체적인 일과를 운영하는 데 있어 주로 실내활동에 의존한다. 2019 개정 누리과정이 고시되고 일과 중 1시간의 실외활동을 의무적으로 시행하도록 규정하고 있으나 봄철 황사, 여름철 자외선 및 높은 기온, 벌레물림, 강우(强雨), 추위 등 날씨의 영향을 많이 받게 됨에 따라 영유아교육기관에서 매일 하루 한 시간의 실외활동을 실천하는 데는 어려움이 따른다. 그러므로 날씨의 영향으로 인하여 실외활동을 할 수 없을 경우에는 대근육활동을 실천할 수 있는 대체활동을 준비하여 영유아들의 균형 있는 발달을 도모하도록 해야 한다.

한편 실외활동을 실천하는 영유아교사들의 경우, 영유아들이 종합 놀이대나 영유아교육기관의 놀이터에서 자유롭게 놀이하도록 두고 위험한 행동을 방지하는 등의 안전관리에만 집중하는 경우도 있다. 물론 영유아의 안전관리는 모든 영역에 앞서 중요한 부분이다. 그러나 매일의 실외활동이 영유아교사의 교육적인 목표 없이 자유놀이로만 이루어지는 것은 개선되어야 한다. 따라서 실외활동에도 물놀이, 모래놀이, 목공놀이, 휴식공간 등 다양한 영역을 제공하고 영유아들이 다양한 놀이를 통해 교육적 경험을 할 수 있도록 지원하는 태도가 필요하다. 예비영유아교사의 경우 실외활동을 지도할 때 실습지도교사와 충분한 상의를 거친 후 계획하여야 한다. 이는 영유아교육기관마다 실외환경이 다르게 구성되어 있기 때문이며, 실외에서는 안전을 위하여 영유아교사의 통솔력이 더욱 필요하기 때문이기도 하다. 따라서 다음의 주요 내용을 고려하여 실외활동을 계획할 수 있다.

- 다양한 실외활동이 이루어질 수 있도록 계획한다.
- 실외활동 놀이시간을 계획하되, 날씨나 영유아의 건강상태, 질병 유행 등을 고려한다.
- 영유아들이 신체를 자유롭게 움직이고 대근육을 활발히 사용할 수 있도록 돕는다.
- 계절이나 기후의 변화를 느낄 수 있도록 자연관찰을 돕는다.

- 실외활동이 어려울 시 대체활동을 준비하고 원활히 이루어질 수 있도록 준비한다.
- 실외활동에 대한 안전사항을 영유아들에게 알려주고 실천한다.
- 실외활동에 필요한 준비물(물휴지, 간단한 상처치료약 등)을 확인하여 실외놀이에 임한다.
- 영유아가 교사의 시야에서 벗어나지 않도록 수시로 점검한다.

6) 현장견학 및 체험활동

현장견학 및 체험활동은 교실에서 경험할 수 없는 내용을 다양한 기관을 방문하여 구체적이고 풍부한 학습경험을 가지도록 하는 중요한 활동이다. 특히 주변 환경에 흥미와 호기심이 많은 영유아들에게 현장견학 및 체험활동은 바람직한 사회활동을 현실상황에서 체험해 볼 수 있는 기회를 제공하기 때문에 영유아교육과정에서 반드시 고려되어야 하는 부분이다. 즉, 현장견학 및 체험활동은 단순히 영유아교육기관 외부의 환경을 둘러보는 것에 그치는 것이 아니라 자연, 지역사회, 공공물 등 영유아교육기관 내에서 직접 경험할 수 없는 사물 및 기관들을 체험함으로써 생생한 교육적 경험을 얻고, 이를 통하여 통찰력을 넓히며 학습동기 및 흥미를 유발하고 올바른 지식 습득과 더불어 사회현상을 이해하여 사회구성원으로 살아가는 데 필요한 지식, 가치, 태도와 기술을 형성할 수 있도록 계획되어야 할 것이다(김명순, 신혜영, 신보원, 남진경, 2021). 그러므로 영유아들이 현장견학 및 체험활동을 통하여 관찰하기, 자료수집하기, 추론하기, 결론 내리기 등의 다양한 사고활동을 경험할 수 있도록 교육적으로 계획되고 실천되어야 할 필요가 있다.

이러한 현장견학 및 체험활동은 예비영유아교사가 실습기간 동안 계획하고 실천하기에 어려움이 있다. 이는 영유아교육기관을 벗어나 외부환경으로 나아가는 활동이기 때문에 영유아의 안전 및 보호에 대한 책임과 영유아관리에 대한 책임을 예비영유아교사가 감당하기 어렵기 때문이다. 따라서 대부분의 예비영유아교사들은 실습기간 동안 미리 계획되었던 현장견학 및 체험활동을 보조함으로써 간접경험을 가질 수 있다. 이에 예비영유아교사들은 현장견학 및 체험활동에 대한 실습지도교사의 '계획-실천-평가' 과정을 세심하게 관찰하고 반성하여 내면화할 수 있도록 노력해야 할 것이다.

- 놀이주제와 관련된 현장견학 및 체험활동 장소 찾아보기

- 영유아의 발달수준에 적절한 경험을 제공하는 기관 선별하기
- 견학장소에서 영유아들이 경험하게 될 교육내용 선별하여 계획 세우기
- 견학에 소요할 수 있는 시간을 고려하여 견학장소 선별하기
- 견학장소에서의 편의시설(휴식공간, 화장실 등) 파악하기
- 견학비용 및 견학계획에 대하여 기관장의 승인받기
- 시간, 비용, 준비물, 유의사항 등을 고려한 구체적인 견학 계획 세우기
- 이름표, 비상구급약, 영유아명단 및 연락처, 요약한 계획서 등 견학 준비물 준비하기
- 견학활동에 대하여 영유아들과 논의하기
- 안전사항에 대하여 영유아들에게 상기시키기
- 견학체험활동 후 평가활동을 통하여 교육적 경험을 심화시키기

7) 기타 행정업무

영유아교사의 가장 중요한 업무는 영유아를 교육하는 것이다. 그러나 영유아교사의 업무는 그 외의 다양한 영역에 걸쳐져 있다. 그 중 실습기간 동안 간과하기 쉬운 영역이 바로 행정업무와 관련된 사항이다. 실습기간 동안 행정업무에 대한 사항이 간과되기 쉬운 이유는 첫째, 영유아교육기관의 내부정보를 모두 공개하기에는 예비영유아교사를 '내부인'이라고 보기 어렵다는 점, 둘째, 영유아교육기관의 서류들은 한 명의 영유아교사가 모두 담당하는 것이 아니라 전체 영유아교사가 업무분장을 통하여 나누어 관리하고 있으므로, 실습지도교사가 담당한 영역 이외의 서류를 살펴보고자 할 때 담당자의 승인을 얻어야 한다는 점, 셋째, 공문서 작성 및 발송 등의 타 기관 연계업무를 예비영유아교사에게 연습시키는 것은 현실적으로 쉽지 않다는 점, 넷째, 개인정보보호법에 따라 영유아와 부모의 개인정보를 공개하기 어렵다는 점 등이다. 따라서 예비영유아교사가 실습기간 동안 행정업무의 전반을 학습하고 습득하는 것은 현실적으로 어려운 일이라 할 수 있다. 그러나 예비영유아교사는 실습기간 동안 하나의 완성된 영유아교사로서 성장하기 위한 모든 측면의 업무를 학습할 권리와 의무가 있다. 그러므로 행정업무와 관련된 서류업무를 예비영유아교사들이 실제 작성하고 수행하기는 어렵다 하더라도 어떤 종류의 서류들이 필요하고 관리되어야 하는지, 어떤 방식으로 관리되고 있는지를 알려주어야 할 것이다. 또한 초임교사들이 가지는 어려움 중에서는 영유아를 돌보고 교육하는 일 이외에 각종

행정업무들이 큰 부분을 차지하고 있으므로, 실습시간 동안 예비영유아교사들로 하여금 실제 현장에서 관리하고 작성하며 보관해야 하는 서류들의 종류와 내용을 간접적으로라도 경험할 수 있도록 견학의 기회를 제공할 필요가 있다. 영유아교육기관에서 작성, 관리되는 대표적인 서류들은 다음과 같다.

- 입·퇴소 관리서류
- 생활기록부(신체계측, 예방접종기록 등)
- 알림장(가정통신) 작성 및 관리
- 출석부 관리
- 관찰일지 작성 및 관리
- 가정통신문 작성
- 게시판관리
- 신입원아 관리방법 및 오리엔테이션
- 교실 환경구성
- 실내외 놀이시설 관리(서류 및 청소)
- 응급처치 동의서, 등·하원 동의서 등 원아관련 서류
- 학부모 상담일지
- 비품관리, 도서관리 등의 공동업무관련
- 영유아교사회의록
- 교실 안전관리대장 등 교사관리서류

3 실습과정별 실제

1) 1단계 일과관찰

실습이란 유아교사 양성 교육과정의 중요한 요소로서 예비유아교사가 유아교사로서 갖추어야 할 지식, 기술, 태도 등을 실제 교육현장에서 직접적, 간접적으로 경험

해보는 과정이다(배소연, 윤기영, 조부경, 1995). 이러한 과정은 단순한 기술 훈련이 아닌, 실제 유아교육기관에서 이루어지는 교육활동을 관찰하는 것에서부터 시작된다. 따라서 예비유아교사가 실습기간 동안 유아교육기관 교육활동 관찰은 최근 변화하는 교육과정에 대한 이해, 나아가 유아교사의 역할과 자세에 대해 전반적으로 이해할 수 있는 기초가 될 것이다. 따라서 실습기간 동안 교육활동 관찰에서 주요하게 다루어야 할 내용에 대해서 알아보고자 한다.

우선적으로 최근 유아교육에서 가장 큰 변화가 유아가 중심이 되는 놀이중심 교육과정의 실현이다. 이러한 교육과정 실현을 위해 교육부는 국정과제 구현과 출발선 평등 실현을 위해 2017년 12월 '유아교육 혁신 방안'을 발표하였다. '유아교육 혁신 방안'의 주요 내용은 '유아가 중심이 되는 놀이 위주의 교육과정으로 '2019 개정 누리과정을 고시하였다. 유아 놀이중심 교육과정은 유아의 놀이가 가지는 배움의 의미를 새롭게 이해하는 것에서 출발되었다(교육부, 보건복지부, 2019). 이에 따라 유아교사의 교육과정 운영과 관련한 전문성 요구도 달라지고 있다. 유아교사들에게 전통적 국가 수준의 교사 주도적 활동계획 전개 과정에서 유아 주도적이며 놀이를 매개로 통합적으로 유아의 경험과 연계할 수 있는 전문성을 요구하고 있다(임부연, 손연주, 2020). 유아교사에게 요구되는 핵심역량도 개정 누리과정에서는 유아관찰과 평가방법을 이해하고 실행할 수 있어야 하며 나아가 유아평가를 활용(놀이지원, 가정연계, 교육계획안 반영)할 수 있는 역량을 강조하고 있다(유재경, 황지영, 박은미, 2020; 조운주, 2020).

따라서 교사의 유아놀이에 대한 이해가 놀이중심 교육과정 실행 내실화의 주요한 쟁점으로 부각되고 있다. 최근 들어 놀이중심 교육과정 실행의 내실화를 위한 연구에 관심이 증가하고 있다. 놀이중심 교육과정 실행을 위한 기초연구로 놀이중심 교육과정 관련 인식 연구(류혜숙, 김정주, 2020; 박종명, 이연승, 2020; 이성희, 이미영, 2021), 놀이중심 교육과정을 실제 적용하면서 경험하는 유아 교사의 갈등과 변화, 딜레마 탐색(윤경욱, 이대균, 2020; 홍지명, 2020) 등의 연구가 수행되었다. 선행연구 결과에서 시사하는 주요 쟁점 역시 놀이중심 교육과정 실행의 내실화를 위해 유아교사가 놀이에서 보여지는 유아의 유능성을 지각할 수 있어야 한다는 것이다. 그리고 유아의 놀이에서의 경험이 국가의 교육내용을 포함하는 배움임을 이해할 수 있음을 강조하고 있다(이진희, 2020). 즉, 2019 개정 누리과정에서 유아교사는 유아의 놀이를 관찰하여 놀이에 내재된 의미와 가치를 파악하고 이해하는 과정에서 유아에게 무엇을 지원해 줄 수 있을지를 발견할 수 있는 역량이 요구된다(교육부, 보건복지부, 2019).

이러한 점을 감안할 때 예비유아교사가 실습과정에서 유아 놀이 관찰을 통한 유아놀이에 대한 이해는 중요한 과제라고 할 수 있다. 따라서 실습과정에서 경험하는 교육활동 중 실내·외 자유놀이, 대·소집단 모임활동, 유아 놀이 관찰 관련한 주요 사항들을 다루고자 한다.

실습기간 동안 예비유아교사들이 유아교육기관의 일과활동 관찰에 있어 실내·외 자유놀이 관찰, 대소집단 모임활동 관찰, 유아 놀이 관찰로 나누어 살펴보고자 한다.

(1) 실내·외 자유놀이 관찰

2019 개정 누리과정은 놀이중심·유아중심 교육과정으로 유아에게 미치는 놀이의 개념 및 특성과 중요성을 강조하여 놀이를 통한 배움이 가능하도록 실현하는 교육과정을 의미한다(이지혜, 2021). 개별 특성을 고려하여 유아에게 필요한 놀이시간과 휴식시간을 보장하고 유아중심·놀이중심 교육과정을 개편하는 것을 목표로 하고 있다. 국외에서는 UN의 아동권리협약과 OECD의 2030 학습 개념틀 등을 통해 권리로서 유아의 놀이를 강조하게 되었고(유영의, 이미선, 송미정, 장은정, 2018), 어떤 목적과 목표를 가지고 배워 나가야 하는지 학습자 스스로 계획해 볼 수 있는 학습자 중심 교육과정의 중요성이 대두되었다. 따라서 2019 개정 누리과정은 놀이중심을 기본 주제로 개정하면서, 교육활동에서 실내·외 자유놀이가 강조되고 있다. 따라서 예비유아교사는 유아교육기관에서 이루어지는 실내·외 자유놀이에서 교육환경 구성 및 놀이지도, 놀이지원 등에 대한 이해가 필요하다. 이러한 관점에서 볼 때 실내·외 자유놀이에서 실습지도교사의 놀이환경 구성이나 놀이지도, 놀이지원 방법들을 관찰하는 것은 예비유아교사들의 유아 놀이 지도에 대한 기초가 될 것이다.

따라서 실내·외 자유놀이가 효과적으로 이루어지기 위해서는 교사의 역할이 중요하다. 교사는 유아의 놀이 참여를 자연스럽게 유도하여 놀이를 확장시키고 정교화하는 데 도움을 주고, 유아의 놀이 행동을 단순히 놀이로 끝나는 게 아니라 교육적으로 이끄는 역할을 한다(신은수, 2000). 교사는 유아의 놀이에 영향력을 미칠 뿐만 아니라 유아교육의 질을 결정하는 중요한 변인이 된다(류진순, 2007).

지금까지 유아놀이에 있어 교사의 역할이 중요시하게 강조되었던 이유는 다양한 역할을 수행해 오고 있기 때문이다. 먼저 다양한 교구와 재료를 제공하는 환경제공자였다가 유아의 놀이가 적절하게 이루어지는지 관찰하는 관찰자가 되기도 하였다가, 놀이 상황을 지켜보면 유아의 발달을 체크하는 기록자, 또 유아들과 함께 놀이에 참여하는 공동놀이자 등 많은 역할을 끊임없이 수행하고 있다.

특히 교사는 유아의 발달 특성상 유아의 흥미를 인정해 주고, 유아의 흥미로부터 놀이가 시작된 것을 지지해 주어야 하며, 유아의 주변과 생활 속에서 경험하는 것들을 소재로 한 놀이로 자유롭게 표현할 수 있도록 편안한 환경을 제공해야 한다(이지혜, 2021). 또한 교사는 유아의 놀이를 유심히 관찰하고 유아가 흥미 있어 하는 것들에 대해 자료를 제공하며 놀이가 확장될 수 있도록 해야 한다. 그로 인해 유아가 놀이에 몰두하고 자신을 거침없이 표현할 수 있도록 안내자, 촉진자의 역할을 해야 한다(교육부, 보건복지부, 2013).

교사의 놀이 개입 유형은 내재적과 외재적으로 나눌 수 있는데 내재적 개입 유형은 공동놀이자, 놀이 지도자, 외재적 개입유형은 무대관리자와 방향전환자로 나눌 수 있다. 유아교사의 놀이 개입 유형은 일반적 개입 유형과 차이를 보이지만, 우선적으로 교사가 유아의 놀이에 개입 하는 순간의 공통된 목적은 놀이의 흥미를 유지시키면서 재미를 북돋아 주기 위한 것이라고 나타났고, 두 번째로는 유아 스스로 해결하기 어려운 문제가 발생하였을 경우 혹은 또래와 갈등상황이 생겼을 때 해결하기 위해 교사의 도움을 필요로 하는 경우가 많았으며, 교사의 직접적인 놀이 개입을 요구하지 않는 것을 알 수 있다(유한나, 엄정애, 2014). 이러한 관점을 토대로 예비유아교사가 실습지도교사의 놀이개입방법을 관찰하는 것은 가장 이상적인 놀이개입방법에 대해 반성적 사고를 할 수 있는 중요한 경험이 될 것이다.

실내·외 자유놀이가 효과적으로 이루어지기 위해서 교사의 놀이 개입 역시 중요하지만 이와 아울러 놀이지원 역시 아주 중요하다. 특히 최근 2019 개정 누리과정의 유아중심·놀이중심 교육과정의 운영체계로 전환됨에 따라 유아교사의 놀이지원에 관한 관심이 증대되고 있다. 교사가 유아의 놀이를 효과적으로 지원하기 위해서는 놀이시간과 환경을 제공하고, 놀이하는 유아를 존중하며, 관찰 및 정서적 지원을 하고 질문하고, 제안하고, 놀이 참여를 촉진하는 등과 같이 대화상대로 놀이에 참여하는 등 다양한 노력을 투입하여야 한다. 이와 관련하여 교사가 유아의 놀이를 지원하기 위한 역할과 방법에 대해 2019 개정 누리과정을 토대로 김화록(2021)은 놀이공간의 변화, 놀이자료의 변화, 상호작용, 일과의 변화, 기타 놀이 지원 등으로 재구성하였다. 재구성한 내용을 살펴보면 표 5-1과 같다.

표 5-1 교사의 놀이지원 역할 방법과 내용

지원방법		지원내용
놀이공간의 변화	교실 외 공간 놀이 확장	유아들이 다양한 공간을 활용하여 놀이가 활발하게 이루어지도록 지원
	교실 내 공간 놀이 확장	유아가 주도하는 놀이가 확장되도록 공간을 넓히거나 영역을 통합하여 넓게 공간을 확보하고 공간의 위치와 크기를 정하도록 지원
놀이 자료의 변화	유아가 발견한 자료 지원	유아의 흥미와 관심을 확장하기 위해 유아와 자료 요청을 수용하고 교사와 유아가 함께 자료실에서 찾아올 수 있도록 지원
	유아가 결정한 자료 활용 방법 지지	자료의 사용방법을 교사가 안내하거나 제한하지 않고 유아 자신의 놀이에 필요한 대로 자료를 활용하여 놀이할 수 있도록 지원
	교사가 계획한 자료 제공	유아들의 특성에 적합한 자료나 놀잇감을 제공하고 흥미가 발현되는 것을 보고 그 놀이와 관련한 놀잇감 및 자료를 지원
일과의 변화	놀이시간 확장	유아가 보인 관심을 즐거운 놀이로 몰입하여 이어 나갈 수 있도록 하고 일과 중 오전과 오후의 놀이가 연계하여 다음 놀이에 반영
	놀이를 지원하기 위한 활동	유아의 놀이상황에서 교사의 지원을 받아들이는 것은 유아들의 결정으로 흥미, 관심 및 안전과 교육적 가치에 기반하여 새로운 놀이자료나 놀이방법, 규칙 만들기 등의 활동을 지원
상호작용	관찰하기	유아의 놀이를 이해하고 유아들의 지속적인 흥미를 관찰
	정서적 지원하기	유아의 놀이 특성과 요구에 맞게 수용하고 민감하게 제공하여 유아 간 의견 차이를 교사가 일방적으로 조율하지 않고, 유아의 이야기를 듣고 해결방안을 함께 모색
	질문하기	유아의 놀이를 관찰하면서 필요한 순간에 놀이에 대해 질문하고 이야기함
	놀이 제안하기	새로운 놀이를 제안하고, 진행되고 있는 놀이의 확장을 위해 아이디어를 공유하고 제시
	놀이 참여 촉진하기	교사는 놀이에 방해되지 않도록 유아의 요구 시 자연스럽게 참여하면서 놀이가 지속될 수 있도록 지원 유아가 놀이진행의 어려움을 보이거나 스스로 놀이를 시작하지 못할 때 교사가 함께 만들며 놀이를 지원
기타 놀이 지원	안전고려	놀이하는 유아들의 모습을 관찰하고 놀이에 앞서 위험한 놀이 요소가 있는지 확인하여 제거
	장애 통합	장애유아와 일반유아가 함께 놀이하도록 지원

출처: 김화록(2021). 유아교사의 놀이지원 역량 평가척도 개발 및 타당화. 안양대학교 대학원 박사학위논문. pp.38-39.

위와 같은 이론적 근거 하에 실습기간 동안 예비유아교사는 실습지도교사의 자유놀이 지도 및 놀이 지원방법을 관찰하고 참여한다면, 놀이중심 교육과정의 놀이 지도 및 지원에 대한 유아교사로써 자세와 역할에 대해서 알 수 있는 계기가 될 것이다.

(2) 대소집단 모입활동 관찰

예비유아교사는 현장실습 경험을 통하여 교육현장의 분위기를 인식하고 대학에서 배운 이론을 실제와 연결함으로써 실천적 지식을 획득하며 교사로서 자질을 발전시켜 나갈 것이다. 따라서 현장실습의 다양한 경험은 전문성 높은 유아교사로서 발달할 수 있는 중요한 요소이다. 따라서 현장실습에서 얻어지는 경력교사의 대소집단 모인활동 참관 등의 간접경험은 예비유아교사가 교사로서의 경력을 발전시켜 나가는 데 있어서 큰 도움을 줄 것이다(김가윤, 2018). 특히 현장실습에서 경력교사의 대소집단 모임 활동 관찰은 유아교사의 가장 기본적인 직무인 학급경영과 교수활동 및 수업개선(김은영, 2006)을 위한 연구 수행의 기초가 될 것이다. 교수활동 및 수업개선은 유아교사의 준비적 직무로 '교재 연구', '수업지도안 작성', 지도적 직무로 '교과지도', '생활지도' 등이 포함된다.

따라서 예비유아교사들은 다음과 같은 점에 역점을 두고 실습지도교사의 대소집단 모임활동을 관찰하여야 한다(김수향 외, 2015).

- 유아교사가 준비하는 수업의 매체를 파악해야 한다. 미디어자료, 그림자료, 실물자료, 모형자료 등 다양한 종류의 수업자료들을 유아교사가 어떤 방법으로 유아에게 제시하는지 살펴보고, 내가 만약 이 수업을 준비한다면 어떤 매체를 준비하고 어떤 방법으로 제시할 수 있을지 마음속으로 그려봄으로써 효과적인 수업을 전개할 준비를 할 수 있다.
- 유아들의 경우 집중시간이 매우 짧고 수업에 집중을 하더라도 주변의 작은 자극만으로도 집중을 잃게 된다. 실습지도교사가 수업에 방해되는 행동을 하는 유아들을 어떻게 대처하는지 살펴봄으로써 수업전개 시 유아의 집중을 조절하는 방법을 익힐 수 있다.
- 수업을 마친 후 유아의 수업결과물을 어떻게 처리하는지 관찰하여야 한다. 수업결과물을 통하여 유아의 발달수준을 평가할 수 있는 도구로서 사용하는지, 교실환경에 게시함으로써 환경을 구성하는지, 가정으로 보내어 가정연계자료로 활용

하는지 살펴봄으로써 적절한 수업결과물의 활용방법을 배울 수 있다.

모임 활동 관찰의 초점

- 교육내용이 사전내용과 실생활의 관련성 여부
- 교육내용이 유아의 발달수준 적합 여부
- 유아들의 개인차 반영
- 목표의 명료성
- 학습목표와 관련한 교육내용 설정
- 교사의 언어사용의 적절성(지시, 설명, 모델링)
- 교사의 신체언어의 적절성(몸짓, 눈 맞춤, 고개 끄덕이기)
- 유아의 사고를 끌어내는 발문법 사용
- 유아의 반응에 따른 긍정적 교정적 피드백의 적절성
- 교수자료 표상방식의 다양성
- 교수매체 주제와의 연관성
- 수업 운영에 있어서 흐름이 끊어지지 않으며, 돌발상황에 적절한 대처방법
- 주의 집중 방법의 적절성 및 학습자의 능동적 참여 유도
- 시간 운영의 적절성
- 유아의 이해 정도를 다양한 방법으로 적절하게 평가
- 본 활동과 관련성 있는 확장활동 제공

〈현장실습 일일 교육일지 예시〉

일일 교육일지

실습생	담임	원감

<table>
<tr><td colspan="3">산새소리반 교육일지 (만 4세)</td></tr>
<tr><td>날짜</td><td colspan="2">2020년 6월 10일 날씨: 미세먼지 나쁨</td></tr>
<tr><td>놀이의 목표</td><td colspan="2">우리 원에 관심을 가지고 반 친구들과 함께 지내는 것에 즐거움을 느낀다.</td></tr>
<tr><td>일과(시간)</td><td>계획 및 실행 / 관찰내용</td><td>실습생 자기 성찰</td></tr>
<tr><td>등원
(8:20 ~ 9:00)</td><td>-유아 등원시간 및 열체크, 손 소독을 한다.
-가방과 옷을 스스로 정리할 수 있도록 한다.
-유아가 안전하게 차량을 이용할 수 있도록 한다.</td><td rowspan="3">오늘은 미세먼지가 많아 바깥놀이를 하지 못하여서 자유놀이의 시간을 늘리고 모임활동을 유아들이 신체를 움직일 수 있는 활동을 하였다. 유아들이 신체를 움직이며 활동을 즐기는 모습을 보니 너무 귀여웠다.
3일째 되면서 아이들과 더욱 친해진 느낌이 많이 들었고 자유놀이시간에 실습교사의 머리카락을 내주며 미용실 놀이를 하였는데 유아들은 머리카락으로도 역할놀이를 하며 재밌게 놀이를 하였다. 처음에는 한 명의 유아의 시작으로 3~4명으로 늘어났다. 비록 머리가 헝클어지고 아프긴 했지만 뒤에서 머리카락을 만지며 즐거워하는 유아들의 웃음소리를 들으니 그 고통쯤은 아무것도 아니었다. 아이들이 하루하루를 유치원에서 즐거운 마음으로 지냈으면 좋겠다.</td></tr>
<tr><td>오전 자유놀이
(9:00 ~ 10:30)</td><td><자유놀이>
*우리 동네 구성하기
*우리 동네 안내 책자
*스쿨버스를 타요
*돋보기 속 우리반
<관찰내용>
-○○이는 비즈그림의 삐에로를 보면서 “얘는 사탕도 뺏어먹고 풍선도 터트려요”라고 말하였다.
-□□이는 컵 쌓기 컵 안에 사물을 넣고 3개의 컵을 돌리며 사물 찾기 놀이를 하였다.
-△△이는 실뜨기 놀이를 주고받으며 할 수 있었다.
-미세먼지가 많아 바깥놀이 대신 자유놀이로 대처하였다.</td></tr>
<tr><td>모임활동
(10:00 ~ 10:50)</td><td><동대문을 열어라>
-대문의 의미를 알고 동대문과 남대문의 사진을 보았다.
-‘동대문을 열어라’ 노래를 듣고 같이 불러보았다.
-‘동대문을 열어라’ 노래에 맞추어 신체를 움직이며 ‘동대문을 열어라’ 놀이를 하였다.</td></tr>
</table>

화장실 및 휴식 (10:50 ~ 11:00)	-휴식시간으로 동화 '안돼 데이빗'을 읽었다. -식사 전 손 씻기 및 화장실 가기를 지도한다.	
점심식사 **(11:00 ~ 11:40)**	-생활 속 거리두기를 하며 급식소로 이동한다. -바른자세로 앉아 식사하도록 지도한다. -유아가 골고루 음식을 먹으며 즐거운 식사를 할 수 있도록 지도한다. 메뉴: 비빔밥, 미역오이냉국, 두부엿장조림, 미니핫도그, 배추김치, 유기농포도푸딩	
모임활동 및 자유놀이 **(11:40 ~ 14:00)**	<동대문을 열어라> -'동대문을 열어라' 글씨를 따라 써보았다. -동대문이 그려져 있는 그림을 색연필과 사인펜으로 색칠을 하였다. <구슬퍼즐 & 책읽기> -구슬퍼즐과 책읽기 중 유아가 하고 싶은 놀이를 하였다. <관찰내용> -△△, ㅁㅁ, ○○이는 실습교사의 머리카락을 빗으로 빗으며 미용실 놀이를 하였다. △△이는 "선생님 제가 예쁜 머리 해줄게요", ㅁㅁ이는 "선생님 저는 머리 땋을 수 있어요", ○○이는 "우와, 선생님 머리 귀신같다"라고 말하였다.	
모임활동 **(14:00 ~ 14:40)**	<지문에 대해 알아보아요> -지문에 대해 알아본 후 손가락의 지문을 관찰한다. -열 손가락에 인주를 묻힌 후 활동지에 지문을 찍어 관찰해 보았다. -A4용지에 자신의 지문과 친구의 지문을 찍으며 비교해 보았다.	
오후간식 **(14:40 ~ 15:00)**	-손을 씻고 생활 속 거리두기를 하며 오후간식을 먹는다. 메뉴 : 순살치킨	

모임활동 및 자유놀이 **(15:00 ~ 16:00)**	<관찰내용> -○○, ㅁㅁ, △△이는 종이벽돌 블록과 스펀지 블록을 이용하여 집을 짓는 놀이를 하였다. -◆◆이는 정리시간에 자신이 할 놀이를 정리하지 않은 모습을 종종 보인다. 실습교사와 교사가 정리지도를 해주어야 한다. -▣▣이는 친구들이 하고 있는 놀이를 옆에서 지켜보고 있다가 ○○이에게 "같이 할까?"라고 물어본 후 놀이에 참여하였다. -놀이의 장소가 좁아지자 ○○이는 옆에 있는 책상을 치워달라며 집의 크기를 확장하며 놀이를 하였다.	
정리정돈 및 귀가 **(16:00 ~ 17:00)**	-유아들에게 동화 "다녀오겠습니다"를 읽어주었다. -교육실 정리정돈, 유아 하원시간 및 열체크를 한다. -가방과 옷을 스스로 착용할 수 있도록 지도한다.	
지도교사 조언	아이들과 미용실 놀이를 하며 놀이의 참여자로 함께 하는 모습이 보기 좋았습니다. 아이들이 처음에 미용실 놀이에 흥미를 가지고 놀이하다가 점점 선생님의 머리카락을 잡아당기거나, 헝클어뜨리는 모습으로 변형이 되었는데, '미용사님, 저 머리를 하나로 묶어주세요', '미용사님 핑크색으로 염색을 해보는 것은 어때요?'라는 발문으로 아이들이 놀이가 좀 더 확장될 수 있도록 하면 놀이에 대한 단순 흥미가 몰입으로 변형될 수도 있었을 듯합니다. 하지만 현장에서는 이러한 발문을 하기 전에 다른 아이들이 교사를 찾거나, 교사가 보살펴야 하는 다른 부분이 많이 있지요. 생각과 현실이 많이 다른 부분이 있지만 상황에 따라 유연하게 잘 맞춰나가다 보면 좋은 교사가 될 수 있을 것 같습니다. 고생하였습니다.	

(3) 유아 놀이 관찰

유아교육기관의 내부방침에 따라 다소 차이는 있지만, 대부분의 기관에서는 실습 기간 동안 2~3명 유아의 놀이 관찰 기록을 권장하고 있다. 실습생의 놀이 관찰에 대해 유아교육기관에서는 평가 및 피드백을 하고 있다. 따라서 실습생은 놀이 관찰에 대한 이해가 필요하다.

유아 놀이 관찰을 위해 요구되는 사항은 다음은 같다.

첫째, 유아중심의 진정한 놀이에 대한 이해가 우선되어야 한다.

편해문(2019)은 유아중심의 진정한 놀이를 다음과 같이 언급하고 있다.

- 유아가 하고 싶은 것을 하는 것이 놀이이다.
- 아이 안에 놀이가 있다.
- 어지럽히는 것이 놀이이다.
- 놀이는 준비하여 기획하고 하는 것이 아니다.

Howard(2002)와 조성연(2012)은 영유아들이 '나 지금 놀고 있어요'라고 느낄 때는 자신이 스스로 선택해서 한 활동을 할 때 놀이한다고 생각한다라고 설명하고 있다.

둘째, 유아 놀이와 배움의 관계에 대한 이해가 우선되어야 한다.

이와 관련하여 Bachelard(198: 66-67; 유혜령, 2019, 재인용)가 인간의 상상력에 관하여 이성주의적 접근으로 지적한 내용을 유혜령(2019)의 놀이가 배움의 수단으로 적용된 내용을 중심으로 살펴보고자 한다.

> 우리는 꿈의 세계 속에서는 날개를 가졌기 때문에 나는 것이 아니라,
> 날았기 때문에 자신을 날개들(을 가진 존재)로서 믿게 된다.
>
> 유아는 배워야 할 지식이 있기 때문에 놀이를 하는 것이 아니라, 노는 과정에서 그런 지식을 깨달았기 때문에 놀이가 배움의 수단이 된다고 믿게 된다.

즉, 놀이는 '놀이답게' 하는 것은 놀이자와 놀이 내용이 한데 어우러져 흘러가는 일종의 흐름 내지는 움직임의 현상으로서, 그 어떤 절대적 기준이 되는 중심이나 기저가 없는 현상이다(Gadamer, 1996; 유혜령, 2019, 재인용). 마치 예술 작품 앞에 선 사람이 자신도 모르게 작품과 하나가 되는 진리적 경험, 즉 마주침의 사건을 경험하는 것과도 같다. 이와 같이 우리가 놀이를 경험하는 현상에서도, 우리는 물질과 사람과 접속하며 감응하고, 우연한 마주침으로 다양한 현상적 실재가 창조됨(유혜령, 2019)을 주목해야 한다.

셋째, 2019 개정 누리과정 해설서에서 영유아 교사가 영유아의 놀이를 관찰할 때 역점을 두어야 하는 부분(교육부, 보건복지부, 2019)에 대해 인지하여야 한다.

① 영유아의 말, 몸짓, 표정 등에서 드러나는 놀이의 의미와 특성에 주목하여 기술할 것
② 영유아의 배움이 나타나는 놀이나 일상생활 중심으로 기술
③ 영유아가 가장 즐기고 잘하는 것 중심으로 기술
④ 영유아의 흥미와 관심 중심으로 기술
⑤ 놀이에서 나타나는 친구관계 기술
⑥ 놀이에서 나타나는 영유아와 영유아, 영유아와 교사의 상호작용 기술

⑦ 놀이를 이어가기 위한 자료의 활용 부분 기술

넷째, 관찰한 놀이에 대한 교육과정 연계성, 교육적 의미 읽기, 놀이 지원계획을 고찰하고 작성할 수 있어야 한다(김수향, 2021).

① 관찰한 놀이의 교육과정 연계성

관찰한 놀이에 대한 교육적 의미 찾기	
① 관찰한 놀이의 교육과정 연계성	- 관찰한 놀이에 적절한 교육과정 영역을 표기하고 하위항목과 세부항목 제시
② 관찰한 놀이의 교육적 의미 읽기	① 관찰한 놀이를 분석하여 교육적 의미 읽기 ② 개정 누리과정의 5개 영역 59개의 내용을 토대로 놀이의미 읽기 분석
③ 놀이 지원 계획	① 놀이관찰에 나타난 놀이에 대한 의미와 가치를 기술 ② 영유아의 놀이를 존중하고 이해하면서 영유아가 필요로 하는 놀이자료, 놀이공간, 놀이규칙과 안전성 등을 고려하여 필요한 지원을 기술

관찰대상	오**	연령	만 5세	성별	남
관찰자		관찰일 (관찰시간)	20**년 1월 6일	관찰장소	
교육과정 영역	자연탐구 - 과학적 탐구하기 - 간단한 도구와 기계 활용하기 자연탐구 - 탐구하는 태도 기르기 - 탐구과정 즐기기				

놀이 관찰 기록

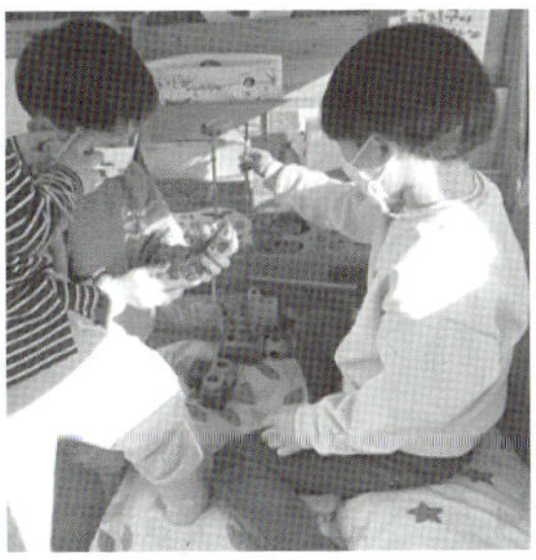

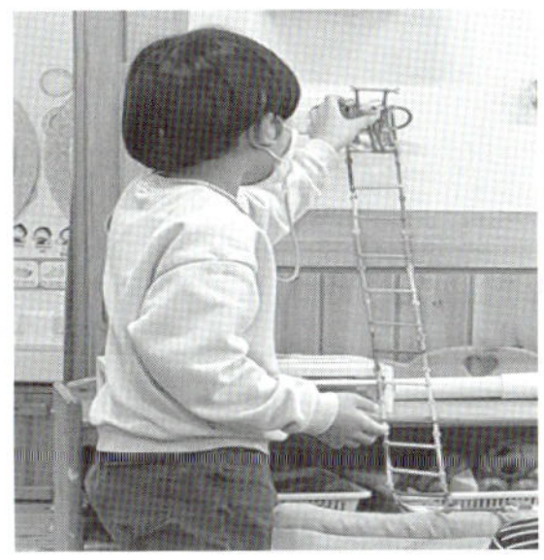

오**은 동그라미, 직선 빌드블록을 연결을 한다. 그런 후 자신이 만든 빌드블록을 한 손으로 들어올리며 "이건 레이싱카"라고 이야기한다.

오**은 교구장으로 이동하여 파인애플 손가락 인형을 꺼내 빌드블록으로 만든 자동차 위에 올린다. 오**은 "파인애플을 올렸으니 파인애플 레이싱! 여기에 다른 과일들이 오면 그 과일 레이싱카가 되지"라고 이야기하며 빌드블록 자동차를 움직인다.

그런 후 오**은 "이번에는 무엇을 만들지..아! 사다리를 만들어야지"라고 말하며 직선 블록들을 꺼내어 연결한다. 사다리 모양의 빌드블록이 완성이 되자 이**이 다가와 "사다리다! 형, 이 사다리는 어디에 걸 수 있어?"라고 묻는다. 오**은 책장에 빌드블록 사다리를 걸친 후 빌드블록으로 만든 자동차를 사다리 위에 올린다.

사다리가 책장에서 떨어지자, "여기에서는 하면 안 되겠다. 사다리를 고정할 수 있는 곳을 찾아야 되겠다."라고 이야기한다. 오**은 사다리를 들고 교실을 둘러본다. 사물함 위에 올려져 있는 철사 망에 다가가 사다리를 걸친다. 사다리가 철사 망에 걸리자 오**은 "여기도 걸 수 있어! 그런데 여기 걸면 사물함 사용하기 힘들어서 다른 곳을 찾아야겠다."라고 이야기하며 다시 교실을 둘러본다.

이**은 "형, 저기 휴지걸이에 걸어봐"라고 말하자 오**은 휴지걸이에 사다리를 걸친다. "여기도 사다리를 걸 수 있어!"라고 이야기를 한다. 그런 후 의자를 당겨 사다리 밑 부분을 의자 위에 걸친다. 이**이 빌드블록으로 만든 자동차를 사다리에 올리자 오**은 "여기 제작자는 나야! 자동차는 여기 사다리 밑에 있어야 해! 여기에 불이 났을 때 올라갈 수 있는 사다리야! 소방관들이 올라가는 거야"라고 이야기를 한다.

② 관찰한 놀이의 교육적 의미 읽기

- 관찰한 놀이의 교육적 의미 읽기를 위해 유아 놀이경험과 개정 누리과정이 추구하는 인간상의 관계 분석

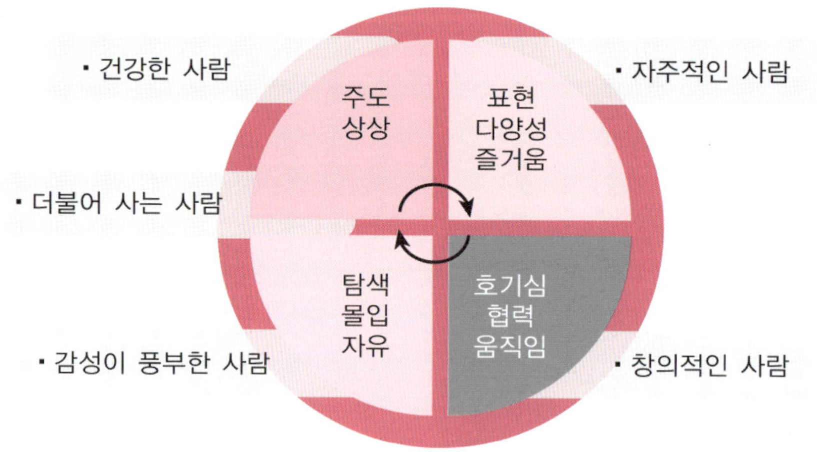

그림 5-1 유아 놀이 경험과 개정 누리과정이 추구하는 인간상(놀이의 의미와 특성)

- 놀이의 교육적 의미 읽기

〈놀이의 교육적 의미〉

놀이는 자유롭다	놀이는 즐겁다
-계획된 목적으로서의 자유 -규칙으로부터의 자유 -사실로부터의 자유(상상력과 자유) -시간과 공간의 경계로부터의 자유	-재미와 기쁨　　-몰입 -상상과 호기　　-정서적 긴장, 두려움 갈등 해소 -따뜻함, 배려, 아름다움 심미성을 통합함을 통한 즐거운 경험 -유머
놀이는 주도적이다 -자발적 참여와 능동성　　-내재적 동기 -즉흥적 전개　　-창의성	

- 놀이 관찰에서 교육적 의미 찾기 실례

<table>
<tr><td>관찰대상</td><td>오**</td><td>연령</td><td>만 5세</td><td>성별</td><td>남</td></tr>
<tr><td>관찰자</td><td></td><td>관찰일
(관찰시간)</td><td>20**년 1월 6일</td><td>관찰
장소</td><td></td></tr>
<tr><td>교육과정 영역</td><td colspan="5">자연탐구 - 과학적 탐구하기 - 간단한 도구와 기계 활용하기
자연탐구 - 탐구하는 태도 기르기 - 탐구과정 즐기기</td></tr>
<tr><td colspan="4">기 록</td><td colspan="2">놀이의 교육적 의미 찾기</td></tr>
<tr><td colspan="4">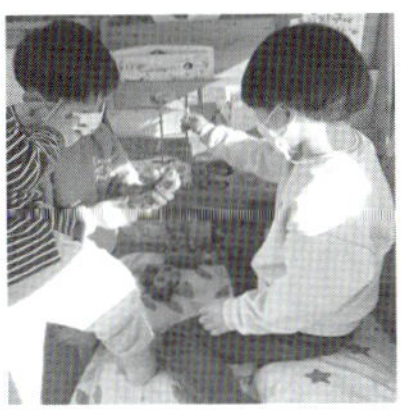  

오**은 동그라미, 직선 빌드블록을 연결을 한다. 그런 후 자신이 만든 빌드블록을 한 손으로 들어올리며 “이건 레이싱카”라고 이야기한다. 오**은 교구장으로 이동하여 파인애플 손가락 인형을 꺼내 빌드블록으로 만든 자동차 위에 올린다. 오**은 “파인애플을 올렸으니 파인애플 레이싱! 여기에 다른 과일들이 오면 그 과일 레이싱 카가 되지”라고 이야기하며 빌드블록 자동차를 움직인다. 그런 후 오**은 “이번에는 무엇을 만들지... 아! 사다리를 만들어야지”라고 말하며 직선 블록들을 꺼내어 연결한다. 사다리 모양의 빌드블록이 완성이 되자 이**이 다가와 “사다리다! 형, 이 사다리는 어디에 걸 수 있어?”라고 묻는다. 오**은 책장에 빌드블록 사다리를 걸친 후 빌드블록으로 만든 자동차를 사다리 위에 올린다. 사다리가 책장에서 떨어지자, “여기에서는 하면 안 되겠다. 사다리를 고정할 수 있는 곳을 찾아야 되겠다.”라고 이야기한다. 오**은 사다리를 들고 교실을 둘러본다. 사물함 위에 올려져 있는 철사 망에 다가가 사다리를 걸친다. 사다리가 철사 망에 걸리자 오**은 “여기도 걸 수 있어! 그런데 여기 걸면 사물함 사용하기 힘들어서 다른 곳을 찾아야겠다.”라고 이야기하며 다시 교실을 둘러본다. 이**은 “형, 저기 휴지걸이에 걸어봐”라고 말하자 오**은 휴지걸이에 사다리를 걸친다. “여기도 사다리를 걸 수 있어!”라고 이야기를 한다. 그런 후 의자를 당겨 사다리 밑 부분을 의자 위에 걸친다. 이**이 빌드블록으로 만든 자동차를 사다리에 올리자 오**은 “여기 제작자는 나야! 자동차는 여기 사다리 밑에 있어야 해! 여기에 불이 났을 때 올라갈 수 있는 사다리야! 소방관들이 올라가는 거야”라고 이야기를 한다.</td><td colspan="2">창조
여러 가지 모양의 빌드블록을 이용하여 레이싱 자동차, 사다리를 구성함

문제해결(탐구)
책장에서 사다리가 고정이 되지 않자, 교실에서 사다리를 걸 수 있는 곳을 직접 둘러보며 적합한 장소를 찾아 놀이를 함

주도성
빌드블록으로 만든 사다리에 다른 유아가 놀이에 참여를 하자 자신이 만든 사다리임을 알리며, 불을 끄는 놀이로 이끌어감</td></tr>
</table>

③ 놀이지원 계획

tip 놀이지원 계획

- 관찰한 놀이를 평가해보자.
- 놀이 확장을 위해 지원할 수 있는 환경구성을 생각해보자.

- 놀이 지원계획 실례

다음의 놀이 관찰에 대한 놀이 지원계획

관찰일시	관찰기록
20**. 9. 14	-두 명의 유아들이 모래성을 쌓은 후 나뭇가지를 꽂아놓은 후, "모래성을 튼튼하게 쌓았어"라고 말한다.  -한 명의 유아가 "우리 나뭇가지를 쓰러뜨리지 않고 모래를 차례차례 가져가자. 모래를 가지고 갈 때 나뭇가지를 쓰러뜨리는 사람이 지는 거야"라고 말하고 유아들은 순서대로 놀이를 시작한다. 

출처: 고문숙 외(2018). 아동관찰 및 행동연구. 서울: 양성원. p.224.

놀이지원 계획

- 유아들은 모래성을 쌓은 후 나뭇가지를 꽂아 본다. 그 후 모래를 차례차례 자기 앞으로 가져가면서 나뭇가지가 쓰러지지 않은 게임을 시작하면서 즐거워하고 있다. 이 놀이만으로도 유아들은 즐거워하고 있지만, 놀이가 확장되기 위해 다음과 같은 놀이 지원을 계획한다.
- 우선적으로 단단한 모래쌓기가 될 수 있도록 돌, 물, 모종삽 등을 지원한다. 그리고 쌓은 모래에 꽂을 수 있는 나뭇가지뿐만 아니라 플라스틱 막대, 철로 된 막대 등등 다양한 막대를 지원하여 막대의 성질에 따라 쓰러지는 속도 혹은 모습 등을 살필 수 있는 기회를 제공한다.

다섯째, 영유아의 놀이 관찰 방법은 표본식 기록, 일화기록, 체크리스트 등 다양하지만, 그중에서 가장 유아교육기관 현장에서 쉽게 활용하고 있는 일화기록 방법을 중심으로 놀이관찰 방법을 설명하고자 한다.

일화기록은 '일과 중에 일어나는 여러 가지 사건들 가운데 영유아들의 발달과정을 이해하는 데 도움이 되거나 문제행동을 파악할 수 있는 행동이나 사건을 간단하게 기록하는 방식(고문숙 외, 2018)이다. 따라서 영유아들의 놀이관찰은 영유아들의 놀이를 이해하는 데 도움이 되거나, 놀이에서 나타나는 행동이나 사건에 초점을 두고 관찰한다는 점에서 일화기록의 관찰방법을 적용하는 것이 가장 적합한 방법으로 간주될 수 있다. 따라서 일화기록 작성에 있어서 가장 필수 사항이 관찰내용에 대한 교육과정 연계성 부분을 기록하는 것이 우선시되어야 한다(고문숙 외, 2018). 그리고 일화기록에서 객관적 관찰을 기초하여 관찰대상의 행동을 구체적으로 기록하고, 관찰에 있어 왜(Why), 어떻게(How)를 자세하게 기술할 때 놀이의 의미를 정확하게 파악하고 지원할 수 있다는 관찰의 가장 기본적인 토대(고문숙 외, 2018)에 주안점을 두어여 한다. 따라서 놀이관찰에서 앞에서 설명한 부분이 충족되기 위해서는 문맥에 적합한 글쓰기 역시 일화기록에서 우선되어야 한다(안부금, 김평호, 2017).

일화기록에서 문맥에 적합한 글쓰기와 관련하여서는 안부금과 김평호(2017)의 연구에서 제시한 내용으로 살펴보면 다음과 같다.

① 읽었을 때 무슨 의미인지 파악이 쉽게 되도록 할 것
② 주어와 동사를 명확하게 사용하고, ~을, 접속사, 접두사, 접미사를 정확하고 적절하게 사용할 것

마지막으로 자신이 작성한 영유아 놀이관찰의 의미 읽기를 김수향(2021)이 선행연구를 기초로 하여 개발한 자가진단 루브릭 평가척도로 평가하면서 놀이 관찰의 의미읽기 작성능력에 대해 반성적 사고를 할 수 있는 기회를 부여한다.

표 5-2 자가진단 루브릭에 근거한 영유아의 놀이의미 읽기 작성능력 평가척도

요소(총 18점 만점)	
놀이관찰 교육과정 연계성 (5점)	① 놀이관찰에 적절한 교육과정 영역을 표기하고 하위항목과 세부항목 제시함 (5점) ② 놀이관찰에 적절한 교육과정 영역을 표기하고 하위항목만 제시함(3점) ③ 놀이관찰에 적절한 교육과정 영역을 표기하고 하위항목은 제시하지 않음 (1점) ④ 놀이관찰에 교육과정 영역을 표기하지 않거나 무관한 내용을 표기함(0점)
놀이관찰 (7점)	① 영유아의 말, 몸짓, 표정 등에서 드러나는 놀이의 의미와 특성에 주목하여 기술할 것 ② 영유아의 배움이 나타나는 놀이나 일상생활 중심으로 기술 ③ 영유아가 가장 즐기고 잘하는 것 중심으로 기술 ④ 영유아의 흥미와 관심 중심으로 기술 ⑤ 놀이에서 나타나는 친구관계 기술 ⑥ 놀이에서 나타나는 영유아와 영유아, 영유아와 교사의 상호작용 기술 ⑦ 놀이를 이어가기 위한 자료의 활용 부분 기술
놀이의미 읽기 (2점)	① 놀이 관찰에 근거하여 의미 읽기 분석 ② 개정 누리과정의 5개 영역 59개의 내용을 토대로 놀이의미 읽기 분석
놀이지원계획 (2점)	① 놀이관찰에 나타난 놀이에 대한 의미와 가치를 기술 ② 영유아의 놀이를 존중하고 이해하면서 영유아가 필요로 하는 놀이자료, 놀이공간, 놀이규칙과 안전성 등을 고려하여 필요한 지원을 기술
문맥에 적합한 글쓰기(2점)	① 읽었을 때 무슨 의미인지 파악이 쉽게 되도록 할 것 ② 주어와 동사를 명확하게 사용하고, ~을, 접속사, 접두사, 접미사를 정확하고 적절하게 사용할 것

출처: 김수향(2021). 자가진단 루브릭에 근거한 피드백 전략이 보육교사의 영유아 놀이의미 읽기 작성능력과 반성적 사고에 미치는 영향. 열린유아교육연구, 26(5). p.250.

2) 2단계 놀이지원 계획 및 실행하기

실습 2단계에서는 예비유아교사가 직접 수업활동을 계획하고 실행해 볼 수 있다. 이때 단위수업은 이야기나누기, 동화, 동시, 동극, 새노래, 미술, 신체표현, 음률, 과학활동, 요리활동, 게임 등 다양한 영역에서 실행될 수 있다. 2019 개정 누리과정이 시작되면서 간혹 영유아교육기관 현장에서는 교사에 의해 계획되고 실행되는 단위활동에 대한 가치와 중요성을 간과하는 경우도 있다. 즉, 유아의 흥미와 관심에 집중하여 놀이를 지원하고자 하는 것에 초점을 두고 일과를 진행하다 보니 교사의 계획에 의한 단위활동이 '교사주도적' 수업으로 분류되기도 한다는 것이다. 그러나 유치원에서의 교육이 유아의 흥미를 바탕으로 이루어져야 하고 유아중심의 활동을 실시해야 한다 하더라도 교육과정 편성 및 운영을 모두 유아의 흥미에만 초점을 두어서는 유아의 발달과업을 제대로 지원하기 어렵다는 점을 이해해야 한다. 놀이와 흥미는 유아의 자발성과 활동성을 자극하기 위한 중요한 교육의 목적이자 수단이므로 이는 목적이 없거나 유아의 자유만을 중시하는 것과는 다름을 이해해야 한다(교사를 위한 놀이지원 연수자료, p.47). 따라서 교사는 교육과정을 계획하고 운영할 때 유아의 흥미와 관심을 반영하여 놀이주제를 선정하고 그에 따라 활동을 마련하되, 유아가 반드시 경험하는 것이 바람직하다고 판단되는 활동이나 유아의 흥미를 반영한 단위활동을 계획하여 유아의 놀이를 확장시키고, 교육적 경험을 할 수 있도록 지원해야 한다. 이에 실습 중기단계에는 먼저 영유아의 놀이를 지원하는 바람직한 방안을 살펴보고, 더불어 교사가 준비하고 지도해야 할 단위수업, 즉 모임활동에 대해 살펴보고자 한다.

(1) 자유놀이

① 자유놀이에 개입하기

2019 개정 누리과정이 고시된 후 유아교육현장에서는 '유아가 중심이 되고 놀이가 살아나는' 교육과정을 운영하기 위해 많은 노력을 기울이고 있다. 그중에서도 그 중요성이 가장 크게 부각되고 있는 것이 자유놀이이다. 기존의 자유놀이는 자유선택활동, 혹은 흥미영역활동 등으로 지칭되며 유아들이 교실 안에 준비된 다양한 교구와 놀잇감을 가지고 스스로 선택하여 놀이하는 시간으로 다루어져 왔다. 그러나 그 취지에 맞지 않게 그저 유아를 '풀어놓고 놀게 해주는' 시간으로 그 중요성이 간

과되었던 것도 사실이다. 그러나 2019 개정 누리과정에서 요구하는 교육과정의 목표를 달성하기 위해서는 자유놀이 시간을 중요한 교육과정 실천의 장으로 여기고 특별하게 다루어야 한다.

자유놀이는 말 그대로 유아가 자유롭게 놀잇감을 선택하고 놀잇감을 자유롭게 활용하여 즐거움을 느끼고 몰입할 수 있는 활동의 시간을 마련해 주어야 한다. 그러나 유아의 자유놀이를 지원하기 위한 방안은 너무나 다양하므로 영유아교육기관에서의 경험이 없는 예비유아교사는 어떤 방식으로 놀이를 지원해야 하는지 혼란을 느끼게 되고, 자신의 지원방법에 대해 확신을 가지기 어렵다. 그러나 바람직한 기준을 가지고 그 기준에 따라 놀이를 지원하는 방법을 연습하면서 차츰 자신의 교수행동을 발달시켜 나갈 수 있으므로, 바람직한 가치관을 형성하는 것이 매우 중요하다. 교육부(2020)에서는 첫째, 유아중심으로 생각할 것, 둘째, 유아의 놀이와 행동을 우선 관찰할 것, 셋째, 가능한 최소한으로 개입할 것, 넷째, 유아의 놀이를 방해하지 않을 것, 다섯째, 지원적이고 반응적으로 개입할 것을 강조한다. 이에 예비유아교사들은 교사가 유아의 놀이를 지원하는 방법이 교사의 개입정도에 따라 다양해질 수 있다는 점을 이해하고 놀이개입 원칙을 늘 고려하면서 학급의 상황에 가장 적절하다고 생각되는 지원방법을 선택하여 활용할 수 있도록 해야 한다. 그리고 유아들은 교사가 교실 어딘가에서 놀이에 관심을 가지고 지켜보고 있다는 사실과 교사가 가까이 있는 것만으로도 심리적 지원이 될 수 있음을 알고 유아의 놀이에 관심을 기울여야 할 것이다. 이러한 점을 반영한 바람직한 개입전략은 다음과 같다.

개입정도	지원유형	전략	의미
최소 개입	비참여	교사가 유아놀이에 전혀 개입하지 않음	• 적절한 지원을 제공하지 않기 때문에 바람직하지 않음
	관찰하기	유아의 놀이를 가까이에서 지켜보거나 관찰하고 기록하기	• 지원이 필요한 순간을 포착하기 위한 사전단계로 활용할 수 있음 • 유아의 놀이를 가까이에서 지켜보거나 특정 목적을 위해 관찰하는 것을 포함함(예: 놀이 지원 계획을 위한 정보 수집, 놀이 중에 나타난 유아의 배움이나 발달 정도를 점검하기 등)
	놀이환경 지원하기	정서적 지원	• 유아의 놀이를 인정하고 격려하기

개입정도	지원유형	전략	의미
		언어적 지원	• 놀이와 관련된 유아나 또래의 행동을 말로 표현해 주어 놀이를 유지하거나 놀이에 관심을 잃지 않도록 지지하기(예: "○○가 블록을 높이 쌓았구나." 등)
		물리적 지원	• 놀이에 필요한 자료나 소품을 제공하거나 환경 구성 돕기
		정보지원	• 놀이와 관련된 정보 제공하기
	평행놀이하기	유아 주변에서 같은 놀잇감을 가지고 놀이하면서 혼잣말을 하며 관심을 끌거나 적절한 행동을 시범 보이기	• 교사나 또래가 놀이 맥락에서 자연스럽게 시범자 역할을 할 수 있으므로 새로운 놀이 방법을 알게 할 수 있음 • 놀이에 대한 유아의 흥미와 관심을 넓혀주고 싶을 때 적용할 수 있음
	공동놀이하기	놀이 주도권은 유아가 갖게 하면서 유아와 동등한 놀이 친구로 놀이에 참여하기	• 가작화 행동, 또래 상호작용 전략을 시범 보일 때 효과적임
	놀이 이끌기	교사가 놀이 주도권을 갖고 유아와 같이 놀이하면서 적극적으로 놀이 이끌기	• 유아가 놀이 시작에 어려움을 느낄 때 효과적임 • 놀이가 중단되려고 할 때 새로운 요소를 안내하여 활성화할 수 있음 • 유아 주도 놀이가 어려울 때 상황을 만들어 참여하도록 도울 수 있음
	지시하기	놀이 전개를 지시하거나 역할을 정해주는 등 유아가 해야 할 행동이나 말을 직접 알려주기	• 유아가 놀이에 참여하지 못하거나 함께 어울려 놀지 못할 때, 놀이가 반복되거나 중단될 때 효과적임
최대개입	교수하기	놀이 중에 일어난 일을 배움의 기회로 활용하기 위해 유아의 관심을 전환하거나 놀이 중에 잘못된 지식이 발견될 때 질문을 통해 정확한 지식 알려주기	• 질문을 통해 놀이를 배움의 매개체로 활용할 때 적용할 수 있음 • 이 전략을 사용하면 놀이를 할 때 유아 간 대화가 줄어들고 놀이가 중단되거나 교사의 질문에 답한 후 다시 놀이하는 양상이 나타남 • 놀이가 중단되므로 꼭 필요할 때만 활용하는 것이 필요함

출처: 놀이지원을 위한 교사의 개입방법(국립특수교육원(2021) 놀이중심교육과정 운영. p.31-32.

② 자유놀이 지원하기

예비유아교사는 영유아의 놀이상황을 잘 관찰하고, 어떠한 지원전략이 바람직한지 고려하여 영유아의 놀이가 배움이 될 수 있도록 지원하여야 한다. 이를 위해서는 영유아의 놀이를 관찰하고 분석하는 통찰이 중요하다. 집중하여 놀이하고 있는 영유아에게 쓸데없이 과도하게 개입하지 않아야 하며, 교사의 개입은 놀이를 확장하고 지원하기 위한 것임을 이해해야 한다.

예비유아교사가 영유아의 놀이를 관찰하면서 놀이지원 전략에 앞서서 고려해야 할 것은 첫째, 이 놀이가 영유아에게 위험상황을 유발하게 되는가라는 점이다. 영유아의 놀이도 중요하고 발달도 중요하지만 그 무엇보다 우선되어야 하는 것은 영유아가 다치지 않아야 한다는 점이다. 따라서 놀이상황에서 영유아의 안전을 우선 고려하는 것은 매우 중요한 일이다. 일반적으로 영유아교육기관의 학급은 위험한 상황이 발생하지 않도록 구성되어 있다. 그러나 그 안에서도 얼마든지 위험한 상황이 발생할 수 있다. 가위를 사용하거나 젓가락이나 뾰족한 꼬치막대와 같은 놀이자료, 길이가 긴 끈 등을 활용하는 놀이에서는 언제든지 위험한 상황이 발생할 수 있다. 심지어 뾰족하게 깎아놓은 연필로도 위험한 상황은 발생한다. 이에 위험한 상황을 초래할 수 있는 모든 놀잇감과 도구들을 배제하기는 어렵다. 그러므로 영유아가 안전하게 놀이할 수 있는 방법을 안내하고, 혹시라도 발생할 수 있는 위험상황을 예측하여 예방하는 것은 매우 중요하다.

둘째, 이 영유아의 놀이가 타인을 방해하는가라는 점이다. 영유아의 흥미를 북돋아주고 영유아의 놀이를 존중한다는 것이 다른 영유아의 놀이를 방해하는 것을 허용해도 된다는 의미는 아님을 알아야 한다. 자유놀이는 유치원 학급이라는 공동체가 함께 사용하는 공간 안에서 이루어지는 활동이다. 따라서 학급 안에서 놀이하는 영유아가 자신의 놀이를 위해 타인의 놀이를 방해하는 것은 공동체 생활에 부적절한 적응태도임을 인식해야 한다. 따라서 예비유아교사는 영유아의 놀이를 관찰하면서 이 놀이가 다른 친구의 놀이를 방해하고 있지는 않은지 파악하고, 지금 현재는 방해되지 않지만 만약 방해되는 상황으로 발전할 가능성이 있다고 보일 때는 적절한 개입을 통해 예방해주는 지원방식이 필요하다.

이처럼 영유아의 놀이가 위험하지 않고, 친구의 놀이를 방해하는 것도 아닐 경우에 놀이를 확장시켜주기 위한 전략적 개입을 고려하는 것이 바람직하다. 2019 개정 누리과정에서는 첫째, 공간에 대한 지원, 둘째, 상호작용을 통한 지원, 셋째, 자료제공을 통한 지원, 넷째, 안전에 대한 고려를 통해 영유아의 놀이를 지원하도록 제안하고 있다. 이에 대하여 간략하게 살펴보고자 한다.

첫째, 공간에 대한 지원이다. 공간에 대한 지원은 말 그대로 유아가 놀이하는 상황에서 공간적 제한이 발생할 때 제공할 수 있는 지원이다. 예컨대, 블록으로 기찻길을 만드는 영유아가 있다. 놀이는 한 명의 영유아가 먼저 시작하였으나 그 놀이에 관심을 보이는 다른 유아들이 있어 놀이가 확장되기 시작한다. 그리고 여러 명의 영유아가 함께 기찻길을 만들려고 하다 보니 기찻길이 길어질 것으로 예상된다. 이때 기찻길을 더 크고 넓게 만들 수 있는 적절한 공간을 제공하는 것이 공간에 대한 지원이다.

둘째, 자료에 대한 지원이다. 자료지원을 쉽게 이해하자면 영유아의 놀이가 더 풍성해지고 다양해질 수 있도록 추가적인 재료를 주는 것으로 이해할 수 있다. 예컨대, 유아가 그림을 그리고 있다면, 그림그리기가 좀 더 풍성해질 수 있도록 유아가 사용하고 있는 색연필 외에 크레파스, 파스넷, 사인펜, 매직 등 다양한 그리기 도구를 제공한다거나 그림을 그린 후 자신의 그림을 더 꾸밀 수 있는 스티커, 반짝이 풀, 색종이, 모루 등의 자료를 제공하는 것이다. 그 외에도 블록 놀이를 하고 있는 영유아의 놀이가 기찻길 만들기라면, 기찻길을 좀 더 풍성하게 만들 수 있도록 추가적인 블록을 제공하는 것도 자료를 제공하여 지원하는 방식으로 이해할 수 있다. 이에 대하여 영아들의 경우 자신이 필요로 하는 자료를 요구하지 못하고 있는 자료로 놀이를 반복하는 단순한 차원에 머물러 있는 경우가 많으나 유아들은 자신이 필요로 하는 자원이나 자료를 교사에게 직접적으로 요구하기도 한다. 예를 들어 어떤 유아는 '선생님, 저 목걸이 만들껀데 끈이 필요해요'라고 말하는 식이다. 이때 교사는 일방적으로 '이거 사용해라' 하고 단편적으로 자료를 건네주는 형식의 지원보다는 '선생님한테 마끈하고 고무줄 끈, 리본끈이 있는데 뭐가 필요하니?'라고 질문하고 유아가 원하는 자료를 제공하는 것이 바람직하다.

셋째, 상호작용을 통한 지원이다. 상호작용을 통한 지원은 영유아가 놀이를 좀 더 심도 있게 확장할 수 있도록 언어적인 의사소통을 제공하는 것을 의미한다. 즉, 어떤 놀이를 하고 있는지 물어보고 놀이의 내용을 파악한 후 그 놀이가 확장될 수 있는 발문을 통해 대화를 나누는 것이다. 예컨대 영유아들이 역할영역에서 식탁차리기나 음식만들기 등의 놀이를 하고 있다면, '어떤 음식을 만들고 있는 거니?', '음식을 차리면 누가 먹는 거니?', '음식을 먹을 수 있는 친구를 초대해 보면 어떨까?'

등의 상호작용을 통해 영유아의 놀이가 확장될 수 있도록 지원할 수 있다.

넷째, 안전에 대한 고려이다. 학급 안에서 영유아의 안전은 그 무엇보다 우선되어야 할 가치라 할 수 있다. 담임교사는 학급 안에서 영유아의 놀이에서 발생할 수 있는 위험한 상황은 없는지 항상 주시하고 있어야 한다. 실습지도교사의 경우 어떤 상황에서 돌발적으로 위험한 상황이 발생할 수 있는지 경험적으로 예측할 수 있으나 예비유아교사의 경우에는 위험상황이 발생하는 요인들에 대해 명확하게 살펴보는 경험이 부족하므로 특히 더 주의 깊게 영유아의 놀이를 관찰하는 것이 필요하다. 위험을 유발할 수 있는 물건을 사용하는 영유아를 특히 더 주의 깊게 관찰하고, 위험요인을 예방하도록 하는 것이 최선의 방식이라 하겠다.

③ 영아를 위한 놀이지원

영아들의 경우 하루일과는 별도의 모임활동 없이 일상생활과 자유놀이로 구성된다. 따라서 자유놀이를 어떻게 계획하고 지원하는가가 교육과정 운영의 핵심이라 할 수 있다. 따라서 영아의 자유놀이는 영아들이 자유롭게 놀잇감을 선택해서 놀이할 수 있도록 하되, 그 안에서 교육적 목표가 달성될 수 있도록 구성되어야 한다.

영아들은 인지와 사회, 언어, 신체 등 모든 발달영역이 시작되는 발달선상에 있다. 따라서 유아기에 비해 모든 활동의 수준이 다소 초기에 머물러 있음을 이해해야 한다. 예컨대 유아들의 경우 '개미'라는 놀이주제를 선정하고 주제와 관련된 탐색 및 모임활동을 전개하여 놀이주제를 확장시킨다면, 영아들은 흥미영역에 '개미'와 관련된 놀잇감을 배치하고 '개미'와 관련된 사진이나 그림 등을 환경에 게시하여 영아들의 놀이주제가 '개미'로 다가갈 수 있도록 하는 환경구성에서부터 시작되어야 한다. 따라서 교사가 영아의 놀이를 지원하고자 할 때, 영아가 경험했으면 하는 주제와 관련된 놀잇감을 흥미영역에 배치하고 영아가 놀잇감을 선택하여 놀이하도록 지지하는 것이 놀이지원의 시작인 것이다. 환경이 마련되었다면 자유놀이에서 영아들이 놀잇감을 선택하고 놀이하는 과정을 관찰해야 한다. 어떤 영아가 어떤 놀잇감을 선택하였는지, 어떤 방식으로 놀이를 진행하는지를 자세히 관찰하여 교사가 개입하는 순간을 포착해야 한다. 영아들의 놀이는 다양한 영역으로 확장된다기보다는 혼자 놀거나 함께 놀더라도 각자의 놀이가 병렬적으로 실시되기도 하며, 단순한 기능놀이에 국한되어 나타나는 경우가 많다. 즉, 스스로 또래친구에게 놀이를 제안하거나 자신의 놀이를 확장하여 전개하기에는 발달상 아직 미숙함이 나타나는 시기이므로 교사가 유아의 놀이를 확장하고 구체화해 줄 수 있는 다양한 상호작용이 반드시 필요하다. 예컨대 유아들의 놀이에서는 교사의 상호작용 개입이 방해가 되지는 않는지 신중하게 고려하여 유아가 주도적으로 놀이할 수 있도록 하는 것이 우선 배려되어야 하지만, 영아들의 경우 놀이가 대체로 단순하고 반복적인 상황에 머물러 있는 경우가 많으므로 끊임없는 상호작용이 제공되어야 한다.

주도적 성향의 영아들은 교사가 준비한 새로운 놀잇감에 흥미를 보이며 놀잇감에 대해 탐색을 스스로 시작하기도 하지만 어떤 영아들은 익숙한 놀잇감에만 흥미를 보이고 도전하기를 꺼리기도 한다. 따라서 교사는 새로운 놀잇감을 제공하면서 '이게 뭘까?', '한번 살펴볼까?'라고 놀이를 제안해 줄 수 있다. 영아와 함께 놀잇감을 살펴보는 과정에서도 '이런 거 본 적 있니?', '여기 가본 적 있니?', '이건 무엇처럼 보이니?' 등의 발문을 통해 영아가 사전경험을 이야기하도록 상호작용을 제공해야 한다. 놀잇감에 대해 충분한 탐색이 이루어졌다면 주도적인 놀이가 시작될 때까지 기다려주는 것이 바람직하다. 놀이가 잘 이루어지면 교사는 영아들에게 더 필요한 것은 없는지, 갈등이 발생하지는 않는지 살펴보아야 하며, 놀이가 잘 이루어지지 않는다면 왜 그 놀이가 이루어지지 않는지 원인을 파악할 수 있도록 해야 한다. 그리고 다음 수업에서 영아의 놀이가 잘 이루어지도록 수정하여 제공하도록 한다. 놀이가 확장되도록 돕기 위해서 교사는 놀이에 방해요소가 발행하지 않도록 꾸준히 관찰해야 한다. 놀이가 확장되다 보면 놀이장소가 협소해지거나, 놀이재료가 부족해지는 등 지원이 필요한 상황이 발생할 수 있기 때문이다.

만약 놀이가 한 영역에 국한되어 실시된다면 교사는 다른 영역과 통합하여 놀이할 수 있도록 지원할 수 있다. 예컨대 쌓기영역에서 블록으로 개미집을 만들었다면, 미술영역에서 개미를 그려서 블록 개미집에 가져와 배치하는 등 영역통합을 시도하는 것을 의미한다. 영아들의 특징은 교사가 관심을 보이는 활동에 더 많은 관심을 보이고, 재미있어 보이는 또래의 놀이에 흥미를 가진다는 점이다.

놀이를 잘 시도하지 못하는 영아들이 있다면 놀이에 참여하도록 권유하는 것이 바람직하다. 일반적으로 재미있게 놀이하는 친구를 관찰하다가 자연스럽게 옆에 앉아서 함께 놀이하게 되는 경우가 대부분이지만 소극적이거나 위축된 영아들의 경우에는 주변에서 관찰만 하는 경우도 있다. 이때 교사는 구경하는 영아에게 함께 놀자고 제안하여 놀이에 참여시킬 수 있다. 영아의 놀이에서는 놀이계획을 세우고 역할을 분담하여 놀이하는 협동놀이 수준의 놀이가 잘 나타나지 않으며 혼자놀이나 병행놀이가 주를 이루고 만2세 정도의 영아에게서는 연합놀이 수준의 놀이가 관찰되기도 한다. 즉, 영아의 의사소통이 활발하지 않기 때문에 교사가 끊임없는 상호작용을 통해 서로 어울릴 수 있는 기회를 제공하고 자신의 생각을 표현할 수 있도록 지원하는 것이 바람직하다. 영아의 모든 교수학습은 자유놀이에서 교사의 상호작용을 통해 실천된다는 점을 인식하고 적극적인 자유놀이 지원이 이루어져야 한다. 따라서 예비유아교사는 영아들과 함께 놀이할 수 있는 구체적인 놀이방안을 미리 예상하여 수업에 참여할 수 있도록 준비하는 것이 바람직하다.

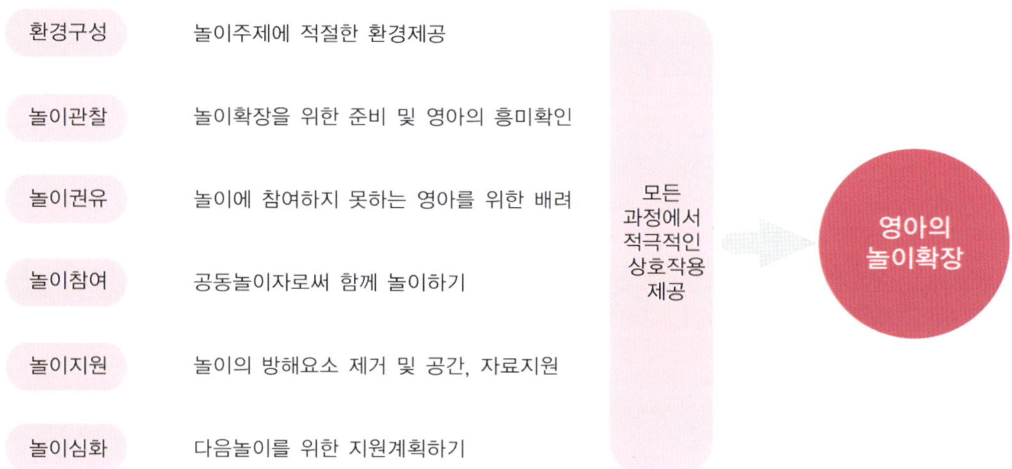

그림 5-2 영아의 놀이지원 방안

④ 유아를 위한 놀이지원

유아는 개인차는 있지만 발달과정상 놀이에 대한 경험이 어느 정도 있고 또래와 놀이하는 것을 즐거워하는 경향이 있다. 또한 발달과정에서도 유아기는 또래와의 놀이증진을 통해 사회적 관계형성 방법을 익히고 사회성을 발달시키는 것이 중요한 시기이므로 적극적인 놀이지원을 통해 유아의 놀이를 심화하고 확장해 주는 것이 중요하다. 이를 위하여 예비유아교사는 유아의 놀이상황에 대한 판단기준을 확고히 하여 관찰내용을 기반으로 놀이를 지원하는 것이 바람직하다. 특히 유아들은 자신의 놀이에 대해 자신만의 의미를 부여하는 경우가 많다. 교사가 보기에 의미 없어 보이는 활동이거나 도무지 의미를 파악하기 어려운 놀이라 할지라도 유아만의 의도가 숨어 있음을 이해하고, 유아와 의사소통을 통해 어떤 지원이 필요한지 확인하는 것이 중요하다. 다음은 유치원 만5세반에서 발생한 실제 놀이사례이다.

놀이사례 : 교실에서 드르륵, 드르륵 하는 소리가 한참동안 울려퍼진다. 교사가 살펴보니 미술영역에서 한 유아가 물레방아형 끊어 쓰는 테이프를 종이에 붙이고 있다. 드르륵 하는 소리는 물레방아형 테이프도구를 돌리는 소리다(놀이관찰). 유아는 벌써 몇 분째 미술영역에 앉아서 그 놀이에 집중하고 있다. 유아 옆으로 다가가 유아의 놀이를 살펴보았다. 그림이 그려진 작은 종이에 유아가 테이프를 붙이고 있는데 모자이크식으로 테이프를 겹쳐서 붙이고 있었으며, 테이프자국은 마치 기찻길이 이어지듯 가지런했다(놀이관찰). 단순히 종이를 연결하거나 붙이는 용도로 사용하는 것에 그치지 않고 무언가 목적이 있어 보였다. 유아의 놀이가 어떤 의미인지, 무엇을 하고 있는지 궁금해서 뭐 만드는 건지 물어보았다(상호작용). 유아가 해맑게 대답한다. '코팅이요! 코팅 안하면 종이가 찢어지잖아요.' 교사는 유아가 놀이를 지속할 수 있도록 또 넓이가 다른 또 다른 종류의 테이프를 가져다주었고(자료지원), 유아는 자신이 그림을 그려놓은 종이조각에 집중해서 열심히 테이프를 붙였다. 유아는 새로 제공해준 테이프를 반 이상 사용할 만큼 오랫동안 테이프 붙이기에 열중하였고, 유아의 놀이는 자유놀이 시간이 거의 끝날 때까지 지속되었다(놀이관찰). 완성된 모습을 보니 정말 코팅한 것처럼 빳빳하게 잘 만들었음을 볼 수 있었다(놀이관찰). 교사는 '정말 잘 만들었구나, 진짜 코팅한 것 같아. 선생님은 네가 이렇게 노력해서 만들지 몰랐어! 너무 수고했다. 이제 만든 거 어떻게 할꺼니?'라고 물어보았다(상호작용 및 격려). 유아는 '집에 가져갈 꺼예요. 엄마도 보여주고요!'라고 대답했다. 다음날 유아는 가방에 그림 그리고 테이프로 코팅한 것을 넣어가지고 왔다. 그러고는 친구들에게 보여주며 자랑하기도 한다. 교사는 유아에게 '가방에 걸고 다니면 어떨까?'라고 제안하였고, 유아는 기뻐하며 가방에 걸 수 있게 해달라고 요청한다(상호작용 및 자료지원). 교사는 철제 연결고리를 제공하여 유아가 자신의 작품을 가방에 달 수 있게 해주었고, 그 과정을 지켜본 다른 유아들도 자신만의 가방고리를 만들고 싶어 하여 가방장식품 만들기 놀이가 유행하였다(놀이확장).

위 사례에서 볼 수 있듯이 유아들의 놀이는 각자 이유와 원인이 있는 놀이가 대부분이다. 교사가 보기에 의미가 없어 보이는 놀이활동의 경우라도 어떤 놀이를 하고 있는 건지 이유를 물어보면 대부분의 유아들은 자신의 놀이를 설명해 준다. 놀이에 대해 잘 설명하지 못하고 '그냥' 놀고 있다거나 '그냥' 하고 있는 거라는 식의 답변을 할 경우에는 유아가 놀이에 몰입하지 못했거나 놀이가 확장되지 않고 단순한 기능놀이 수준에 머물러 있는 것이다. 따라서 유아의 놀이를 관찰을 통해 살펴보고 지원방법을 선택하되, 유아의 놀이에서 교육적 목표를 찾기 어렵거나 놀이가 파악되지 않을 경우 유아와의 대화를 통해 놀이분석이 시작되어야 한다. 유아의 놀이를 관찰하고, 그에 따라 놀이를 지원하기 위한 구체적인 방안은 다음과 같다.

놀이지원이 필요한 순간	놀이지원 목표	놀이지원 전략
• 유아가 친구와 놀이를 전혀 하려 하지 않고 놀잇감을 가지고 놀려고 하지도 않을 때 • 한 공간에서 오랫동안 놀이가 일어나지 않을 때 • 다른 유아들과 협동적으로 상호작용하지 못할 때 • 대다수의 유아들이 개별로만 놀이할 때 • 대다수의 유아들이 동일한 놀이집단으로만 놀이할 때 • 대다수의 유아들이 성별에 따라 다르게 놀이할 때 • 남아와 여아가 놀이하는 영역이 뚜렷하게 구분될 때	놀이참여와 사회적 참여를 증진시키기 위해	• 친사회적 행동이나 또래와의 긍정적 상호작용을 강화하여 사회적 참여 촉진하기 • 친구 사귀는 기술, 사회적 기술 증진
• 과도하게 반복적인 신체활동을 하고 있을 때 • 관심이 아주 빠르게 바뀌고 쉽게 주의가 산만해질 때 • 유아가 놀이를 오래 지속하지 못할 때 • 단순히 재료를 탐색하는 것이 지속될 때 • 똑같은 놀이가 반복적으로 일어날 때 • 놀이경험을 더 정교하게 발달시키고자 할 때	놀이기술을 증진시키기 위해	• 놀이에 함께 참여하여 놀이 지속시간을 연장시키고 놀이경험이 더 정교해지도록 하기 • 사회극놀이에 함께 참여하기
• 예상치 못한 긍정적인 놀이행동이 나타날 때 • 예상치 못한 부정적인 놀이행동이 나타날 때 • 교사가 관찰한 것을 바탕으로 유아의 놀이를 확장할 수 있는 경험을 제공할 수 있을 때 • 교사가 관찰한 것을 바탕으로 프로젝트를 생성할 수 있을 때 • 유아들이 새로운 방식으로 문제를 생각하거나 새로운 개념을 배우게 될 때	배움을 위한 결정적 순간을 이용하기 위해	• 주의 깊게 질문하고, 제안하고, 격려하기 • 탐색을 위한 새로운 정보 첨가하기, 문제해결을 도와줄 수 있는 힌트 주기 • 사고를 안내할 수 있는 질문하기
• 유아가 놀이상황에 교사를 초대할 때 • 개별 유아가 아는 것과 생각하는 것을 확인하기 위해 • 유아의 발달과 정신건강을 확인하기 위해	유아와 개별적인 만남을 갖기 위해	• 유아와 따뜻하고 개별적인 상호작용하기 • 유아와 함께 즐겁게 놀이하며 유아와의 관계 강화하기

출처: 유아교사 놀이지원 전략(유아교사 놀이지원 워크북 p.20-21 수정발췌. 교육부, 2020).

※ 나라면 어떻게 대처하고 지원할 수 있을지 생각해 봅시다.

놀이상황 관찰 : 블록으로 버스를 만드는 놀이를 하는 유아의 놀이를 관찰하였다. 유아는 자신이 타본 버스의 모습을 완성하기 위해 많은 블록을 필요로 하고 있다. 지금은 만들기의 초기단계라서 블록이 충분하지만 곧 더 많은 블록이 필요해질 것으로 보인다. 그러나 다른 유아가 쌓기영역에서 또 다른 만들기를 하고 있기 때문에 한정된 수량의 블록으로 인해 갈등이 발생할 것으로 예상된다.

대처방안 및 지원전략 :

(2) 모임활동

영아들을 대상으로 하는 교육활동의 경우 교사가 계획하고 주도하는 대소집단활동이 강조되지 않으므로 유아를 중심으로 살펴본다. 2019 개정 누리과정이 시행되면서 전통적인 방식의 교수–학습활동안의 작성과 수업방식은 급격한 변화를 맞이하였다. 어떠한 형태이든 상관없이 기관의 특성을 고려하여 유아중심, 놀이중심으로 계획하여 유아의 흥미와 놀이가 중심이 되도록 실행하도록 함으로써 수업계획에 대한 교사의 자율성을 보장하며, 서류로서의 일일교육계획안이 아니라 유아의 교육적 경험을 기록할 수 있는 실천적인 자료로서 전환되었다. 따라서 하루일과를 위한 교수–학습활동안의 형태와 작성방법이 각 기관의 특성을 고려한 창의적인 형태로 이루어지기 때문에 일정한 양식이 없고, 유아들이 놀이에 몰입하여 심화 확장되도록 지원할 수 있는 다양한 방식의 교수–학습활동안이 작성되고 있다. 또한 2019 개정 누리과정에서는 일과를 놀이, 일상생활, 활동으로 구성하여 운영하되 특별히 '놀이'를 중심으로 일과를 편성하도록 권장하고 있다(교육부, 2020). 따라서 모임활동을 구성하고 계획할 때 유아의 놀이를 지원하기에 적절한 활동인지, 유아의 흥미를 반영하고 있는 활동인지를 생각해 보는 것이 필요하다. 그러나 실습과정에서 단위수업을 계획하고 실행하기 위한 것으로 다음 표와 같은 형식의 교수–학습과정안을 작성할 수 있다.

* 모임활동의 교수–학습과정안 작성

<table>
<tr><td>활동유형</td><td>수업종류</td><td>대상연령</td><td></td><td>소요시간</td><td></td><td>인원수</td><td></td></tr>
<tr><td>활 동 명</td><td colspan="7">수업내용을 총칭할 수 있는 핵심적인 활동으로 간략하게 작성함</td></tr>
<tr><td>목 표</td><td colspan="7">수업을 통해서 도달하게 되는 교육적 경험을 지식, 기술, 태도로 나누어 작성함</td></tr>
<tr><td>누리과정
관련요소</td><td colspan="7">수업내용과 관련 있는 누리과정 영역과 세부내용을 작성함</td></tr>
<tr><td>활동자료</td><td colspan="7">수업에 필요한 모든 자료를 기술함</td></tr>
<tr><td>단 계</td><td colspan="5">활동방법</td><td colspan="2">자료 및 유의점</td></tr>
<tr><td>도입
(00분)</td><td colspan="5">주의집중(손유희, 노래 등)
주제를 유아의 사전경험과 연결시키기
본활동 안내하기 및 활동규칙 정하기</td><td colspan="2">각 단계에서 필요한 준비물 작성하기</td></tr>
<tr><td>전개
(00분)</td><td colspan="5">재료탐색 및 구체적인 본활동 방법 안내하기
본활동의 실제적인 전개과정 작성하기
활동 정리하기</td><td colspan="2">각 단계에서 특히 교사가 유의해야 할 점 작성하기</td></tr>
<tr><td>마무리
(00분)</td><td colspan="5">활동을 통해 알게 된 점, 느낀 점 등을 이야기하기
이 활동과 연결지어서 다음에 해보고 싶은 놀이 이야기하기</td><td colspan="2"></td></tr>
<tr><td>심화확장
활동</td><td colspan="5">본활동과 연관되며, 본활동의 내용을 심화, 확장할 수 있는 다음 활동을 적되, 마무리과정에서 유아들이 희망하는 다음 활동이 있을 경우 수정할 수 있도록 함</td><td colspan="2"></td></tr>
</table>

* 모든 활동의 단계에서 반드시 교사의 발문을 적도록 함.

활동의 유형은 대표적으로 이야기나누기, 새노래배우기, 동화읽기, 그리기나 조형 등의 미술활동, 음악감상 및 표현, 요리활동 및 과학실험, 신체활동 및 게임 등 다양한 활동의 유형으로 구성되어 있다. 이 중에서 예비유아교사가 수행하고자 하는 영역의 활동을 선택하여 실습지도교사와 의논하는 것이 바람직하다. 기관에 따라서는 실습지도교사가 어떤 유형의 단위수업을 실시할 것인지 결정해 주기도 한다. 따라서 실습지도교사와의 논의를 통하여 활동의 유형을 결정하는 것이 바람직하다. 활동의 목표는 지식, 기술, 태도와 관련된 목표로 작성하는 것이 바람직하다. 지식은 이 수업을 통해 유아들이 무엇을 알게 되는지와 관련된 내용이며, 기술은 이 수업을 통해 유아들이 수행하게 되는 행동은 무엇인지와 관련된 내용이다. 태도는 이 수업을 통해 정서적으로 무엇을 느끼게 되는지, 어떤 가치를 경험하게 되는지와 관련된다. 누리과정관련요소는 이 수업의 내용과 목표가 누리과정의 5개 영역 중 어떤 영역의 목표와 연관이 있는지를 밝히고 관련영역의 세부내용을 작성하는 것이다. 활동자료는 이 수업에 필요한 준비물을 작성하는 것이다.

활동의 단계는 도입-전개-마무리로 구성되어야 하며, 수업의 과정이 일목요연하게 드러나는 것이 바람직하다. 전체의 활동시간은 평균 30분을 기준으로 조금 짧아질 수도, 조금 더 길어질 수도 있다. 그러나 전체의 활동이 40분을 넘어가지 않도록 구성하는 것이 바람직하다. 도입에서는 모이는 과정에서 필요한 주의집중을 유도하는 활동, 주제와 관련된 유아의 사전경험을 연결시키는 활동, 활동을 위해 지켜야 할 약속 등이 포함된다. 전개에서는 수업의 재료를 탐색하는 활동이 우선되어야 하며, 구체적인 활동방법이 나타나야 한다. 또한 수업의 목적을 달성하기 위한 구체적인 본활동이 계획되어야 하며, 활동의 정리까지가 포함된다. 전개단계의 활동은 가능한 유아가 주도권을 가지고 활동에 참여할 수 있도록 구성되는 것이 바람직하다. 마무리 단계에서는 활동에 대한 평가가 이루어져야 한다. 특히 재미있었는지 즐거웠는지에 대한 단편적인 질문보다는 목표와 관련지어 유아들이 무엇을 배우게 되었는지, 느낀 점은 무엇인지, 우리가 할 수 있게 된 것은 무엇인지 등에 대한 발문이 포함되는 것이 바람직하다. 심화확장활동에서는 이번 수업을 바탕으로 다음 수업이나 다음 놀이로 연결되도록 방향을 설정할 수 있다. 마지막으로 자료 및 유의점에서는 활동과정에서 필요로 하는 수업자료를 적고, 특히 교사가 유의해야 할 점을 기술한다.

3) 실습 후기 전일수업

(1) 수업계획 및 실행

실습과정에서 전일수업(All Day)은 예비유아교사에게 가장 큰 부담을 주는 수업이나, 예비유아교사가 실제 영유아교사로서 하루일과를 계획하고 실행해 볼 수 있다는 점에서 매우 중요한 역할을 차지하는 형태의 실습이다. 특히 전일수업의 경우 놀이주제에 따른 단위수업을 포함하여 등하원지도, 식사지도, 기본생활습관지도 등 영유아의 하루생활을 골고루 신경 쓰고 관리해야 하므로 예비유아교사는 수업준비 단계에서 하루의 일과를 머릿속에 여러 번 그려봄으로써 일과진행을 익힐 수 있도록 해야 한다. 전일수업은 다음과 같은 사항을 고려하도록 한다.

- 수업준비에 앞서 초기 실습기간에 관찰하였던 실습지도교사의 수업을 회상하여 실습기관의 하루일과 흐름을 파악한다.
- 수업을 시작하는 시간과 식사시간 그리고 하원시간을 파악하여 실습기관의 일과시간을 고려하도록 한다.
- 주간교육계획안 및 전일수업이 예정되어 있는 날의 소주제를 참고하여 전일(All Day)수업에서 실행해야 하는 단위수업의 목록과 내용을 분석한다.
- 일상적인 일과, 즉 등원지도, 점심식사 및 뒷정리, 하원지도 등은 실습지도교사의 수업을 참고하여 교실에서 정한 약속을 따르도록 한다.
- 예비유아교사가 흔히 하는 실수 중 하나는 단위수업의 진행시간을 잘못 파악하는 것이다. 유아의 흥미나 요구에 따라 수업은 예상된 시간보다 길어질 수도 짧아질 수도 있다. 일반적으로 경력교사들은 융통성 있는 실행능력을 갖추고 있지만 예비유아교사의 경우는 그렇지 않다. 예상한 시간보다 짧으면 자투리 시간이 남게 되고, 예상한 시간보다 길어지면 다음 수업을 진행하기 어려운 상황이 된다. 그러므로 예비유아교사는 수업의 진행시간을 면밀히 예측하되, 자투리 시간이 남게 될 경우 어떻게 대처할 것인지 대처방안을 미리 준비하도록 한다.
- 한 가지 더 신경 써야 할 점은 활동과 활동 간의 전이이다. 자유놀이를 마친 후 대집단활동을 위한 전이, 오전 이야기 나누기 시간을 마친 후 단위활동으로의 전이, 단위활동 후 식사시간으로의 전이 등 하루일과는 다양한 전이시간을 가지게 된다. 이때 예비유아교사는 영유아들을 효과적으로 통솔하기 어려워하며 이는 일과수업 진행에 대한 예비유아교사의 자신감 상실로 이어지기도 한다. 따라서 예비유아교사는 전이활동을 인식하고 손유희, 노래, 구연동화 등을 준비하여 영유아들이 기다리는 시간을 최소화할 수 있도록 해야 한다.
- 가장 중요한 것은 실습지도교사와의 논의이다. 실습지도교사에게 일일수업계획안을 제출하고 수업계획에 대한 상세한 지도를 받을 수 있도록 한다. 일일교육계획안을 작성 시 활동선택 이유에 대하여 설명하고, 실습지도교사의 의견을 구하여 효율적인 일과운영을 실천할 수 있도록 한다.

(2) 수업평가

유아중심, 놀이중심 교수-학습활동안을 작성하기 위해 최근에는 교사의 계획에 의한 교수-학습활동안이 그대로 실행되는 것을 목적으로 하지 않는다. 오히려 교사가 계획하였으나 유아의 흥미와 관심에 의해 융통성 있게 변경하고, 다음 놀이를 지원하기 위해 관찰내용을 통찰하는 방식으로 사전계획에 주목하기보다 사후평가와 통찰에 주목하는 흐름이 만들어지고 있다.

영유아교육에서의 평가는 영유아의 수준을 파악하고 다음 수업을 준비하기 위한 자료로 활용될 뿐 아니라, 영유아교사의 교수-학습이 적절하였는지, 개선할 점은 무엇인지 파악할 수 있는 도구이다. 작게는 단위활동 시행 후 이루어지는 평가에서부터 하루일과의 평가에 이르기까지 영유아교육기관에서의 평가는 일과 중 다양하게 시행되어야 한다. 예비영유아교사는 이러한 평가를 자신의 역량을 재단하는 일종의 시험으로 받아들이지 않고 발전을 위한 조언으로 받아들임으로써 영유아교사로서의 수업역량을 개선시켜 나가야 한다. 또한 단위수업 및 전일수업에 대한 자체평가를 경험해 봄으로써 영유아교사로서 평가를 생활화할 수 있도록 한다.

전일수업(All Day) 후 이루어지는 평가는 영유아에 대한 평가, 수업계획에 대한 평가, 수업활동실천에 대한 평가, 예비영유아교사에 대한 평가로 구분해 볼 수 있으며, 평가기준은 다음과 같다.

① 유아평가

유아에 대한 평가는 유아의 발달수준을 이해하기 위한 자료로서 사용된다는 점을 고려하되, 선입견을 가지지 않도록 한다. 또한 유아의 발달특성에 대한 전문적 지식을 바탕으로 평가해야 하며, 가장 중요한 점은 유아의 평가는 잘못을 찾아내는 것이 아니라 발전을 도모하기 위한 것임을 인식하는 것이다. 단위수업이나 전일수업을 실행한 후 예비유아교사는 다음과 같은 기준에 의거하여 유아를 평가해 볼 수 있다.

구분	내용	상	중	하
평가 요소	• 수업의 내용을 대체적으로 잘 이해하는가?			
	• 수업의 내용에 흥미를 가지고 즐겁게 참여하였는가?			
	• 또래와 협력적인 태도로 함께 참여하였는가?			
	• 수업에 대한 창의적인 반응을 보여주었는가?			
	• 수업내용에 대하여 지속적으로 관심을 표현하였는가?			
총평				

② 영아평가

영아에 대한 평가 역시 유아평가와 마찬가지로 영아의 발달수준을 이해하기 위한 자료임과 동시에 영아의 발달을 지원하기 위한 자료임을 이해해야 한다. 영아가 놀이를 하는 과정에서 보이는 행동을 토대로 신체, 정서, 언어, 사회, 인지의 발달정도를 파악하며, 수행을 발달시키기 위해 다음 수업은 어떻게 준비할 것인지를 이해하기 위한 과정인 것이다. 다만 영아의 경우 모임활동이 규칙적이지 않고, 대집단으로 이루어지는 모임활동을 계획하지 않기 때문에 자유놀이 시간에 관찰한 내용을 고루 평가하는 것이 바람직하다.

구분	내용	상	중	하
평가 요소	• 스스로 놀이를 선택하고 즐겁게 수행하였는가?			
	• 놀잇감에 흥미를 가지고 탐색하였는가?			
	• 놀이에 집중하여 몰입하였는가?			
	• 교사의 놀이제안에 적극적으로 반응하였는가?			
	• 규칙(정리하기, 놀잇감 빼앗지 않기 등)을 지키며 놀이하였는가?			
총평				

③ 교수-학습활동에 대한 평가

단위수업 또는 전일수업(All Day)을 마친 예비영유아교사는 스스로 자신의 수업에 대한 내면적 평가가 이미 이루어져 있는 경우가 많다. 특히 영유아들이 준비한 수업에 대하여 흥미를 보이고 즐거워하며, 예비영유아교사의 지도에 순응하여 반응하는 경우는 예비영유아교사 스스로 효과적인 수업이었다는 평가를 내릴 수 있으나 그렇지 못할 경우 스스로에 대한 불확신과 자신감의 상실로 이어질 수 있다. 그러나 예비영유아교사의 경우 경력교사에 비해 수업실행적 측면에서의 능력이 부족할 수밖에 없고, 이는 당연한 결과일 것이다. 그러므로 자신의 수업내용에 대하여 또는 영유아교사로서의 지도능력에 대하여 감정적 측면에서 실망할 것이 아니라 이성적 측면에서 판단할 필요가 있다. 이성적 측면에서 다음과 같은 점을 실천할 수 있었다면 영유아와의 호흡이 좋지 못했다 하더라도 영유아교사로서 실천해야 할 역할은 충실히 수행하였다고 할 수 있겠다. 영유아와의 상호작용이나 관계적 측면은 이론이 아니라 경험된 지식으로서 받아들여질 때 이해될 수 있는 부분이며, 이는 경험이 영유아교사에게 주는 선물과도 같은 노하우라 할 수 있기 때문이다. 따라서 다음과 같은 평가기준을 고려하여 수업행동을 평가해 보고 개선할 점을 찾는 것이 바람직하다.

구분	내용	상	중	하
평가 요소	• 영유아의 발달과 흥미에 적합한 활동을 제공하였는가?			
	• 활동 상황에 적합한 질문을 하였는가?			
	• 영유아의 흥미와 관심을 반영한 수업을 실시하였는가?			
	• 영유아와 활발하게 상호작용을 하였는가?			
	• 설명하기, 시범보이기 등의 교사주도적 접근법을 사용할 때에도 영유아의 적극적 참여를 격려하였는가?			
	• 적절한 주의집중 방법을 사용하였는가?			
	• 영유아가 탐구할 수 있도록 기다려 주고 지원하였는가?			
	• 영유아의 흥미와 반응에 따라 융통성 있게 적용하였는가?			
	• 교수매체의 사용 시 영유아의 배치나 눈높이를 고려하였는가?			
총평				

④ 예비유아교사에 대한 평가

영유아교사에게 있어 전문적 지식은 영유아교사로서의 능력을 갖추기 위한 필수 요건이며, 효과적인 교육을 실천하기 위한 기본조건이다. 그러나 영유아교사는 전문적 지식으로만 이루어지지 않는다. 어린이를 사랑하는 마음과 교직을 천직으로 생각하고 받아들이는 소명의식이 태도로서 나타날 때 진정한 영유아교사가 될 수 있다고 본다. 그러므로 전문적 지식을 바탕으로 마음을 다하여 영유아를 섬기고자 하는 마음의 자세를 갖추어가는 것은 매우 중요한 일이다. 영유아는 성인에 비해 신체적 능력이 약할 뿐더러 지식과 사고의 수준 또한 부족하다. 그러나 영유아교사는 성인에 비해 부족하게 느껴질 수 있는 영유아의 능력을 '부족함'으로 인식하는 것이 아니라, '개별성' 및 '독특성'으로 받아들이며 하나의 객체로서 존중하여야 한다. 그러므로 교실은 교사가 혼자서 만드는 것이 아니라, 영유아들과 함께 만들어 가는 공동의 장소이며 교실의 주인은 영유아임을 항상 인식해야 할 것이다.

이러한 영유아존중에 대한 태도를 전문적 지식을 바탕으로 실천해야 하며, 다음과 같은 기준에 근거하여 예비유아교사를 평가해 볼 수 있다.

구분	내용	상	중	하
평가요소	• 영유아에 대한 발달적 지식을 정확히 알고 있다.			
	• 영유아의 개인차를 인식하고 있다.			
	• 영유아의 작은 행동도 민감하게 포착한다.			
	• 교실 안에서 전체 영유아의 움직임과 동선을 수시로 관찰한다.			
	• 영유아에 대해 선입관 없이 객관적으로 관찰한다.			
	• 영유아의 개인차에 따라 적절한 발달목표를 제시한다.			
	• 교육활동에 대해 구체적인 평가가 이루어진다.			
	• 전날의 관찰과 평가를 다음날의 교육목표에 적용하려고 노력한다.			
	• 꾸준하고 지속적으로 관찰이 이루어진다.			
총평				

생각해 봅시다

1. 나라면 어떻게 했을까요?

A는 ○○유치원 해당화반에서 실습 중이다. 실습지도선생님은 경력 7년의 1급 정교사이다. 선생님의 모든 행동은 정말 멋있었다. 떠드는 아이를 단숨에 조용히 시키는 능력자이기도 하다. 그런데 아이를 야단칠 때 벽을 보고 서서 생각해 보는 시간을 가지게 하신다. A의 생각에는 벽을 보게 한다는 것은 적절하지 못하다는 판단이다. 차라리 생각하는 의자에 앉아서 친구들의 활동을 볼 수 있게 해주는 것이 낫지 않을까? 선생님께 조심스럽게 여쭤봤더니 학기 초 아이들과 의논하여 결정하였다고 말씀해 주셨다. 실습지도교사의 상황대처는 적합한가? 실습생으로서 어떻게 이 상황을 해결할 수 있을까?

2. 아래의 놀이관찰에서 관련 교육과정의 영역과 놀이의 교육적 의미와 놀이 지원계획을 작성해 보세요.

관찰 유아 : 만4~5세

자유놀이 시간에 교실에서 유아들이 색종이 접기를 한다. "이거 어떻게 접어?", "어! 내가 해줄게! 나 그거 안 보고 접을 수 있어!"라며 이야기한 뒤, 색종이로 종이비행기와 수리검을 접는다. 역할 방으로 이동하여 "이것 봐! 엄청 잘 날아가!"라고 이야기하며 종이비행기와 수리검을 날린다.
"내꺼는 돌아가네.", "나 저기 꽂혔어!!"라며 큰 소리로 웃는다. "우리 바닥에 선 그어놓자."라며 사각 블록 놀잇감 박스를 들고 와서 나란히 놓고 다시 종이비행기와 수리검을 날린다. 교사가 책상을 옆으로 세워 나란히 놓아주고 종이테이프로 바닥에 선을 붙여주자 "우와~여기 선 생겼다! 이거 넘으면 안 돼~", "이제 안 불편해."라고 이야기한다.
"우리 저기 맞추기다!"라고 이야기하며 역할 방에 있는 부엌놀이 교구를 마주보게 이동시킨 뒤 부엌놀이 수납장 문을 다 열러 종이비행기와 수리검을 날린다.

부록

학교현장실습일지

학교현장실습일지

실습기관명	
실습기간	년 월 일부터 년 월 일
실습생	대학 과
	학번: 이름:

Ⅰ. 학교현장실습의 목적과 내용

1. 학교현장실습의 목적

1) 유아교육기관에 대한 경험적 지식을 갖는다.
2) 평가, 조사, 면접 등 참관 요령을 이해하고 그 기능을 기른다.
3) 학급 관리 능력을 관찰하고 이해한다.
4) 학급의 교육계획 수립 및 경영 요령을 알고 협조하는 태도를 가진다.
5) 가정 및 지역사회 실태 파악에 노력하는 태도를 갖는다.
6) 유아교육의 이론과 실제 교육현장과의 연계성이 얼마나 잘 이루어지고 있는지 지속적으로 관칠하도록 한다.

2. 학교현장실습의 내용

1) 학교현장실습의 관찰 내용

(1) 관찰법의 이해

가) 관찰법의 이해
나) 유아 일상생활 관찰
다) 관찰 기록의 방법

(2) 각종 검사 방법의 이해

가) 지능 검사
나) 사회성 측정 검사
다) 가정환경 조사법

(3) 교수-학습 방법 관찰

가) 수업 관찰법의 이해 및 수업 분석

나) 연구 수업 관찰 및 관찰 결과 분석
다) 활동계획안 작성

(4) 교재-교구 활용법

가) 교재-교구 제작법
나) 교재-교구 제시 방법
다) 교재-교구 보관법

(5) 학급 사무

가) 각종 공문 및 사무치리법
나) 생활 기록부 및 건강 기록부 작성법
다) 입·퇴학 사무 절차

2) 실습 시 배정된 학급 관찰 내용

(1) 유아교육기관 교육 환경 관찰

가) 개관 : 유아교육기관의 위치, 연혁 및 특색, 규모
나) 설비 및 시설 : 원지, 원사, 유원장, 교구 교재, 시설 및 설비
다) 조직 : 교육목표, 경영방침, 학급편성, 직원 조직, 교육과정, 부모교육

(2) 유아 개별 관찰

가) 등원 시 상태
나) 실내 활동
다) 실외 활동
라) 신체 및 건강 상태
마) 지적 및 사회적 활동

(3) 교수-학습 방법 관찰

가) 활동 계획 단계
나) 활동 전개 방법
다) 교사 언어 유형 관찰
라) 교재-교구 활용 상황
마) 활동 평가 방법

(4) 학급 관리에 관한 관찰

가) 학급 분위기 : 인원, 남·여 구성 비율, 나이, 학급의 일반적 특징
나) 학급 비품 및 교구 배치 상황
다) 보건 위생 관리
라) 안전 관리

(5) 지역 사회

가) 지역사회의 기초 : 입지 조건, 지역사회의 유아교육기관에 대한 인식도
나) 인구 및 동태 : 유아 인구의 변화 추이
다) 사회 구조 및 문제점 : 지역사회의 문제점, 주변 환경시설의 문제점

3. 학교현장실습에서 실습생의 태도

실습생은 유아교육기관 교사의 힘을 들어준다는 보조교사로서의 관점이나 유아교육기관 비판, 평가하려는 감독자의 관점을 떠나 배우고 익히는 실습생 본연의 자세를 유지할 수 있도록 노력해야 한다.

구체적인 계획·준비활동은 다음과 같다.

- 참관이나 실습 활동에 대해 평소의 일반 강의 및 학습에서부터 관심을 기울인다.

- 참관이나 실습 전에 학습 내용을 총 점검, 정리하여 실습 활동에 대비한다. 특히 유아교육과정, 유아 교수법 등을 반복, 정리한다.
- 참관이나 실습 활동에 대한 조직적이고 체계적인 계획을 세운다.
- 실제 교육현장에서의 참관 및 실습 활동이라는 변화된 환경 및 활동에 대비하여 건강관리를 한다.
- 참관 및 실습 전에 유치원을 방문하여 유치원에 대한 현황 및 실태 등을 파악한다(유아교육기관과 자택과의 거리, 교통편 등을 포함한다. 이때 일반적인 유아교육기관측의 참관 지침 등이 협의되는 것이 좋다. 유아교육기관의 지침이 없으면 일과 등에 관해 자세히 묻고 지도를 받는다. 방과후에 가는 것이 좋다).
- 참관 및 실습에 필요한 물건을 준비, 점검한다(일지, 지침서, 필기도구, 명찰, 실내화, 운동복).
- 참관 및 실습에 대비한 복장, 용의 정돈한다.
- 참관 및 실습에 대한 목적의식을 분명히 한다(무엇을 왜, 어떻게 할 것인가의 문제 의식).

1) 일반적 유의사항

- 교육자다운 마음과 태도를 가지고 참관에 임해야 한다.
- 참관 및 실습 실시 전에 해당 유아교육기관을 방문하여 사전 지도를 받는다.
- 용모, 복장, 언어, 태도 등에 있어서 특별히 유의하여 교사로서의 품위를 손상시키지 않도록 해야 한다.
- 유아들에게는 언제나 친절하며, 유아들의 이름을 되도록 빨리 기억하도록 한다.
- 유아와 유아교육기관의 일에 깊은 관심을 가진다.
- 실습생은 해당 유아교육기관의 원장 및 지도교사의 지도를 성실하게 받아 자기 책임을 다한다.
- 항상 열의와 성의를 다해서 근무해야 한다.
- 지도교사의 지시에 성실히 따라야 한다.
- 참관 유아교육기관의 규칙을 따라야 하며, 특히 참관 유아교육기관에서 금지하고 있는 사항은 엄수해야 한다.
- 모든 일은 지도교사와 의논하여 해야 한다.

- 근무 시간 중 외출은 삼가야 한다.
- 실습 유아교육기관의 교육 방침을 이해하고 적극적으로 협력해야 한다.

2) 유아관리상의 유의사항

- 체벌은 물론 상벌은 금한다.
- 유아 지도에는 늘 사랑이 앞서야 하고 개성을 존중해야 한다.
- 유아들에게 모범이 되는 생활 태도를 가져야 한다.

3) 근무 요령

실습은 교사가 되는 준비 과정이다. 그러므로 실습생은 실습 유아교육기관의 교직원과 똑같은 입장에서 근무 과정을 준수하여야 한다. 실습생으로서의 특히 근무 시 유의할 점은 다음과 같다.

- 출근은 유아교육기관 직원보다 10분~20분 먼저 하여 등원 즉시 출근부에 날인하고 직원실 및 교실의 정돈 상황을 점검한다.
- 유아교육기관 직원에게는 누구에게나 빠짐없이 다정한 인사를 나눈다.
- 배당 학급을 순회하여 교실의 정돈 상황을 점검, 지도한다.
- 결근이 있어서는 안 된다. 부득이한 경우에는 사전에 서면으로 제출하여야 한다.
- 명확한 이유 없이 지각하는 일이 없도록 한다.
- 조퇴, 외출을 하여야 할 일이 생겼을 경우 사전에 서면으로 신고하고 허가를 받아야 한다.
- 유아교육기관 유아들이 지켜야 할 규칙은 솔선수범하여 준수한다.
- 유아교육기관의 시설, 부품 등을 사용하고자 할 경우에는 소관자의 허가를 받은 다음에 사용하며 사용 후에는 분명하게 반환한다.
- 간식시간이나 자유놀이 시간에는 가급적 유아들과 함께 지내도록 한다.
- 자기가 담당한 일이나 유아와의 약속은 신속, 정확하게 지켜야 한다.
- 유아교육기관의 지시 사항을 포함하여 하루의 일과는 자기 스스로 계획하여 생활한다.
- 유아교육기관에서는 반드시 명찰을 달도록 한다.

- 일지는 매일 기록하여 지도교사에게 제출한다.
- 실습활동 중 휴대폰은 반드시 꺼두어야 한다.
- 지도교사가 퇴근한 후에 실내 정돈 상황을 확인하고 퇴근한다.
- 너무 짙은 화장을 하여서는 안 되며, 옷차림도 너무 노출이 심하거나 몸에 꽉 끼는 옷은 피해야 한다.

▣ 실습일지의 작성방법 ▣

1. 매주 주간교육일지는 실습하고 있는 유치원 주간교육일지를 기록하거나 복사하여 첨부 가능(실습하고 있는 유치원의 주간교육일지를 활용하지 않으며, 월안 교육일지를 첨부하면 됨)

▣ 학교현장실습일지의 처리사항 ▣

1. 학교현장실습일지는 퇴근 시에 유아교육기관에 제출하고 지도교사 및 원장의 결재를 받고 출근해서 다시 받는 것을 원칙으로 한다.

2. 학교현장실습 기간 끝나면 실습일지는 학과의 지도 교수에게 제출하여야 한다.

<실습생 출근부>

◈ 교육실습자 :

◈ 실습기간 : 　 년 　 월 　 일 ~ 　 월 　 일까지

<table>
<tr><td colspan="2" rowspan="5">출근부</td><td></td><td>월</td><td>화</td><td>수</td><td>목</td><td>금</td><td>토</td></tr>
<tr><td>1주</td><td></td><td></td><td></td><td></td><td></td><td></td></tr>
<tr><td>2주</td><td></td><td></td><td></td><td></td><td></td><td></td></tr>
<tr><td>3주</td><td></td><td></td><td></td><td></td><td></td><td></td></tr>
<tr><td>4주</td><td></td><td></td><td></td><td></td><td></td><td></td></tr>
<tr><td rowspan="5">교사</td><td rowspan="5">지도교사</td><td rowspan="5">출근현황</td><td colspan="3">총 일 수</td><td colspan="3">일</td></tr>
<tr><td colspan="3">출근할일수</td><td colspan="3">일</td></tr>
<tr><td colspan="3">결 근 일 수</td><td colspan="3">일</td></tr>
<tr><td colspan="3">지 각 회 수</td><td colspan="3">일</td></tr>
<tr><td colspan="3">조 퇴 회 수</td><td colspan="3">일</td></tr>
<tr><td colspan="2">담당과목</td><td>비고</td><td colspan="3"></td><td colspan="3"></td></tr>
</table>

년 　 월 　 일

원장 　 (직인)

II. 학교현장실습의 실제

1. 학교현장실습 기관의 현황

1) 일반적 현황

기 관 명		전화번호	( )
주 소		팩스번호	( )
교육목표 (원 훈)			

2) 교원 현황

직 원	성 명	업 무 분 장	비 고
원장			
원 감			
부 장 교 사			
교 사			
교 사			
교 사			

3) 학급편성

반명(연령) / 성별		반 ( )	반 ( )	반 ( )	반 ( )	반 ( )
인 원 수	남	명	명	명	명	명
	여	명	명	명	명	명
	계	명	명	명	명	명

4) 실내환경 배치도

5) 실외환경 배치도

6) 시설·설비 현황

구 분	수 량	시설·설비 현황	비고
교 실			
실 내 유희실			
사무실			
양호실			
조리실			
화장실			
실 외 놀이터			
기타			

7) 실습계획표

주	월/일	요일	실습 계획 및 행사	비고
제1주		월		
		화		
		수		
		목		
		금		
		토		
제2주		월		
		화		
		수		
		목		
		금		
		토		
제3주		월		
		화		
		수		
		목		
		금		
		토		
제4주		월		
		화		
		수		
		목		
		금		
		토		

실습생	담임	원장

주간 교육일지

반 주간 교육일지 (만 세)					
기 간	년 월 일 ~ 월 일				
이번 주 교사의 기대					
요일 일과	월	화	수	목	금
등원 (: ~ :)					
오전간식 (: ~ :)					
오전 실내놀이 (9:20~10:40)					
활동 (: ~ :)					
바깥놀이(대체) (: ~ :)					
점심식사 (: ~ :)					
낮잠 및 휴식 (: ~ :)					
오후 놀이 (: ~ :)					
오후간식 (: ~ :)					
귀가 (: ~ :)					
놀이 평가 및 다음날 지원계획					
반 운영 특이사항					
*실습하고 있는 유치원 주간교육일지를 기록하거나 복사하여 첨부 가능					

실습생	담임	원장

일일 교육일지

반 교육일지 (만 세)		
날 짜	년 월 일 날씨:	
교사의 기대		
일과(시간)	계획 및 실행	예상되는 놀이 평가 및 다음날 지원 계획
등원 (: ~ :)		
오전간식 (: ~ :)		
오전 실내놀이 (: ~ :)		
활동 (: ~ :)		
바깥놀이(대체) (: ~ :)		
점심식사 (: ~ :)		
낮잠 및 휴식 (: ~ :)		
오후 놀이 (: ~ :)		
오후간식 (: ~ :)		
귀가 (: ~ :)		
실습생 자기 성찰		
지도교사 조언		

*실습하고 있는 유치원 교육일지에 따라 수정 가능함. 수정하여 작성할 수 있음 만약 교육일지 양식이 수정되었다고 하더라도 실습생 자기성찰 및 지도교사 조언 부분은 삽입하여 작성하도록 함

실습생	담임	원장

부분수업 계획안

* 실습교육기관에서 실제 수업한 계획서 첨부

실습생	담임	원장

전체 수업 계획안

* 실습교육기관에서 실제 수업한 계획서 첨부

<놀이 관찰>

<table>
<tr><td>관찰대상</td><td></td><td>연령</td><td></td><td>성별</td><td></td></tr>
<tr><td>관찰자</td><td></td><td>관찰일</td><td></td><td>관찰장소</td><td></td></tr>
<tr><td>관찰시간</td><td></td><td>교육과정영역</td><td colspan="3"></td></tr>
<tr><td>시간</td><td colspan="2">기 록</td><td colspan="3">놀이의 교육적 의미 찾기</td></tr>
<tr><td></td><td colspan="2"></td><td colspan="3"></td></tr>
<tr><td>놀이지원
계획</td><td colspan="5"></td></tr>
<tr><td>지도교사
조언</td><td colspan="5"></td></tr>
</table>

실습생	담임	원장

<유아 작품 평가지>

사진 기록지

유아의 이름: ____________________

날　　　짜: ____________________

장소 및 상황: ____________________

사진을 붙이세요.

장면 설명　: ____________________

교육과정
관련요소　: ____________________

발달적 요약: ____________________

교수계획　: ____________________

____

실습생	담임	원장

학교현장실습 중 반성적 저널쓰기

년 월 일 (주차)

<실습생 자기 평가표>

평가 영역	평가 항목	평정 척도	평균
1. 유아들의 발달 및 행동 이해	① 내가 맡은 학급 원아 전체의 이름을 알고 있다.	1 2 3 4 5	소계 (점) ÷2 (점)
	② 놀이에 열중하고 있는 원아들을 관찰·기록하였다.	1 2 3 4 5	
2. 유아교육 활동의 기술 향상	① 유아교육기관 활동 목표를 올바르게 이해하였다.	1 2 3 4 5	소계 (점) ÷6 (점)
	② 유아 놀이 지원을 위한 자료의 준비에 최선을 다하였다.	1 2 3 4 5	
	③ 창의적인 교수-학습방법을 활용하였다.	1 2 3 4 5	
	④ 말을 명료하게 하고, 유아들이 하는 말에 적극적으로 수용하였다.	1 2 3 4 5	
	⑤ 유아교육활동의 내용과 방법을 매일 분석하고 개선하려고 하였다.	1 2 3 4 5	
	⑥ 유아교육활동을 수행하는 데 최선을 다하였다.	1 2 3 4 5	
3. 유아들의 특성 이해 및 개인차 고려	① 유아들의 학습동기를 유발하기 위하여 적절한 방법을 사용하였다.	1 2 3 4 5	소계 (점) ÷5 (점)
	② 유아들 개개인의 요구를 항상 파악하였다.	1 2 3 4 5	
	③ 발달이 느리거나 이해도가 낮은 유아의 향상을 위하여 노력하였다.	1 2 3 4 5	
	④ 학교에서 배운 유아 발달 심리의 지식을 실제에 적용하였다.	1 2 3 4 5	
	⑤ 개인차에 따른 지도를 하였다.	1 2 3 4 5	
4. 감정조절 및 실습생의 자세	① 학습을 방해하거나 부적응 행동을 하는 유아들을 감정적으로 대하지 않았다.	1 2 3 4 5	소계 (점) ÷2 (점)
	② 실습기관의 원장 및 지도교사의 충고를 기쁜 마음으로 적극적으로 수용하고 실천하고자 하였다.	1 2 3 4 5	

평가 영역	평가 항목	평정 척도	평균
5. 학급 집단의 구조 이해	① 배정된 실습 학급의 유아들을 좋아하였다. ② 학급에서 고립아, 배척아를 개별적으로 지도하여 집단 속에서 잘 어울리게 하였다.	1 2 3 4 5 1 2 3 4 5	소계 (점) ÷2 (점)

<실습 소감>

참고문헌

권희경(2018). "성인지 감수성 높은 교육을 위한 교사의 성인지 역량 강화 방안". 한국가정과 교육학회 학술대회자료집, 94.

고문숙, 김수향, 이경하, 이용주, 임영심(2018). 아동관찰 및 행동연구. 서울: 양성원.

공인숙, 한미현, 김영주(2005). 보육학개론. 서울: 교육과학사.

교육부(2019). 유아교육법.

교육부(2020). 교사를 위한 놀이지원 연수자료. 세종: 교육부.

교육부(2020). 교사를 위한 놀이지원 워크북. 세종: 교육부.

교육부, 보건복지부(2019). 2019 개정 누리과정 해설서. 세종: 교육부 · 보건복지부.

김가윤(2020). 산학협력을 통한 장기 현장실습 경험이 예비유아교사 직무 어려움 인식에 미치는 영향. 학습자중심교육연구, 20(18), 127-147.

김경배(1996). 교육실습의 이론과 실제. 서울: 학지사.

김명순, 신혜영, 신보원, 남진경(2021). 실외놀이터 놀이영역과 영유아 놀이행동 및 신체활동성 간의 관계. 유아교육연구, 41(3), 293-316.

김성희, 한경헌, 윤상진, 김옥순, 이현숙, 박정순, 이은영(2019). 인천 중 · 고등학교 구성원 성인지 감수성 실태조사. 인천광역시교육청 정책기획과 인천교육정책연구소.

김수향(2021). 자가진단 루브릭에 근거한 피드백 전략이 보육교사의 영유아 놀이의미 읽기 작성능력과 반성적 사고에 미치는 영향. 열린유아교육연구, 26(5), 245-267.

김수향, 손지향, 안지령, 오선영, 이용주, 이은진(2015). 예비유아교사를 위한 유아교육기관 현장실습. 서울: 동문사.

김수향, 이귀옥, 이은진, 안은희, 손지향, 홍희주, 김갑순(2005). 보육교사인성론. 경기도: 공동체.

김영주(2018). 예비교사가 인식하는 학교현장실습 지도교사에 의한 배움 기회와 실습을 통한 성장 및 만족도 사이의 관계. 예술인문사회융합멀티미디어논문지, 8(11), 753-761.

김완신(2002). 양성평등 교육 프로그램이 유아의 성 역할 인식 변화에 미치는 효과. 단국대학교 교육대학원 석사학위논문.

김유정, 유은석, 하정희(2014). 영유아교육기관의 실습지도. 경기: 공동체.

김은영(2006). 유치원 교사의 직무 분석. 이화여자대학교 대학원 박사학위논문.

김정신, 박성미(2009). 보육실습 전 · 후에 따른 예비보육교사의 역할인식 차이에 관한 연구. 한국영유아보육학, 59, 105-129.

김정원, 김유정, 이효정(2016). 영유아를 위한 교수-학습방법. 경기: 공동체.

김정희, 문혁준, 백혜리, 김혜연, 김민희, 정다운(2017). 보육실습. 서울: 창지사.

김주영(2021). 자유놀이시간 언어적 계획, 평가(VPE)가 유아의 자기조절력과 또래유능성에 미치는 영향. 사회심리발달연구, 2(3), 27-48.

김지영(2021). 자유놀이에서의 유아교사의 역할에 대한 은유적 탐구. 인문사회21, 12(3), 113-126.

김현자(2007). 실천적 지식 형성에 비추어 본 예비유아교사의 보육실습 경험. 영유아교육연구, 10, 77-102.

김화록(2021). 유아교사의 놀이지원 역량 평가척도 개발 및 타당화. 안양대학교 대학원 박사학위논문.

류진순(2007). 유치원 교실에서의 교사 개입에 관한 연구: 자유선택활동 시간을 중심으로. 덕성여자대학교 교육대학원 석사학위논문.

류진희(2000). 유아교사를 위한 교육실습과 교육활동. 경기: 양서원.

류칠선(1998). 유아교육과 학생의 교육실습체험에 관한 현상학적 연구. 한국영유아보육학, 16, 287-310.

류태호(2017). 4차 산업혁명, 교육이 희망이다. 서울: 경희대학교 출판문화원.

류혜숙, 김정주(2020). 2019 개정 누리과정 실행을 위한 유아교사의 핵심역량에 대한 인식조사. 인문사회 21, 11(6), 1743-1758.

박수경(2010). 대학과 현장의 협력 프로그램에서 예비유아교사 지원하기: 교육실습지도교수의 실행연구. 유아교육연구, 30(5), 351-372.

박은혜(2005). 유아교사론. 서울: 창지사.

박은혜(2015). 유아교사론(제4판). 서울: 창지사.

박은혜, 조운주(2007). 반성적 실천을 위한 유아교육실습. 서울: 창지사.

박은혜, 조운주(2015). 반성적 실천을 위한 유아교육실습. 서울: 창지사.

박제환(1996). 유아교육실습. 경기: 형설출판사.

박종명, 이연승(2020). 2019 개정 누리과정의 놀이실행에 대한 유아교사의 인식. 한국유아교육연구소, 22(4), 26-45.

박지완(2001). 유아교육 및 보육실습 실태와 실습생의 인식 조사. 숙명여자대학교 대학원 석사학위논문.

방송통신대학교 유아교육과. 22보육실습자료.

배소연(1993). 유아교사의 실천적 지식과 교사교육의 방향. 교육학연구, 31(5), 153-171.

배소연, 윤기영, 조부경(1995). 4년제 대학 유아교육과의 교육실습 현황에 관한 연구. 유아교육연구, 14(1), 173-198.

백석예술대학교 유아교육과. 21학교현장실습 자료.

석은조, 오성숙(2017). 예비유아교사를 위한 학교현장실습. 경기도: 양성원.

성원경, 이춘자(2017). 교육실습 전·후 예비유아교사의 교사역량 중요도 및 역량수준 인식 변화와 교육실습 만족도와의 관련성에 관한 연구. 인문사회21, 8(2), 831-851.

소연희(2021). 초·중·고등학교 교사들의 성인지 감수성 의식에 관한 연구. 단국대학교 대학원 석사학위논문.

송선여, 권경숙(2021). 가을어린이집 만2세 영아반 실외놀이의 효율적 운영을 위한 실행연구. 유아교육연구, 41(1), 205-231.

송연숙(2008). 유아교육실습생이 지각한 지도교사의 역할수행과 경험한 갈등에 관한 연구. 유아교육학논집, 12(4), 325-348.

신은수(2000). 놀이에 대한 교사효능감이 교사와 유아의 상호작용과 유아놀이 발달에 미치는 영향. 유아교육연구, 20(1), 27-42.

안부금, 김평호(2017). 자가진단 루브릭에 근거한 피드백 전략이 예비유아교사의 일화기록 작성능력과 반성적 사고에 미치는 영향. 어린이문학교육연구, 18(3), 363-387.

안상수 외(2012). 성평등 실천 국민실태조사 및 장애요인 연구(Ⅳ): 초중등 학교생활 영역을 중심으로. 한국여성정책연구원.

염지숙(2003). 유아교육실습: 예비유아교사들의 경험 이야기. 한국교원교육연구, 20(2), 223-248.

염지숙, 이명순, 조형숙, 김현주(2015). 유아교사론. 경기: 정민사.

오선영(2003). 교육실습이 예비유아교사의 교육신념과 역할인식의 변화에 미치는 영향. 유아교육학논집, 7(1), 69-91.

오선영, 김경수(2008). 실습경험에 따른 예비유아교사의 교육신념과 놀이교수효능감의 변화에 관한 연구. 아동교육, 17(1), 155-165.

유영의, 이미선, 송미정, 장은정(2018). Borich 공식을 통해 살펴본 유아의 놀이권리에 대한 교사의 중요도와 실행도에 대한 인식. 학습자중심교육연구, 18(15), 131-156.

유재경, 황지영, 박은미(2020). 2019 개정 누리과정을 반영한 유아교사 핵심역량 모델 개발. 유아교육·보육복지연구, 24(1), 93-124.

유한나(2014). 교사의 놀이 개입에 대한 유아의 생각과 기대. 이화여자대학교 대학원 석사학위논문.

유혜령(2019). 놀이기반 배움의 방향에 관한 탐색: 표상을 넘어 사건으로. 어린이교육비평, 9(2), 59-84.

육아정책연구소(2010). 유치원 교원양성 및 임용체제 개선 방안, 유아교육선진화기반 조성사업 보고서, 60-61. 서울: 한화출판사.

윤경옥(2016). 학교현장실습: 유아교육기관의 실습. 경기: 양성원.

윤경욱, 이대균(2020). 보육교사의 2019 개정 누리과정 실행에 대한 딜레마 탐색. 열린유아교육연구, 25(6), 149-172.

윤기영(1983). 유아교육교원양성대학 부속유치원의 역할과 과제. 서원대학교 논문집, 12, 453-470.

윤기영, 배소연, 조부경(1997). 유아교사를 위한 교육실습 연구. 서울: 창지사.

윤기영, 정현숙, 류칠선, 조인경, 신현주, 신은희(2011). 유아교육실습. 경기: 양서원.

이보람, 백지혜(2020). 교육실습을 통한 예비유아교사의 ‘유아와 소통하기’에 대한 질적 탐색.

학습자중심교과교육연구, 20(2), 325-350.
이선경, 이은정(2007). 보육실습. 서울: 창지사.
이성희, 이미영(2021). 2019 개정 누리과정 현장적용에 대한 유치원 교사의 인식. 학습자중심교과교육연구, 21(3), 467-496.
이은화, 배소연, 조부경(2006). 유아교사론. 서울: 양서원.
이지현, 이경연(2021). 바깥놀이가 유아발달에 미치는 효과에 대한 메타분석. 어린이미디어연구, 20(3), 153-178.
이지혜(2021). 영아반 자유놀이 운영의 어려움에 대한 질적 탐구. 학습자중심교과교육연구, 21, 307-326.
이진희(2020). 배움을 '위한' 사회문화적 유아평가의 탐색: 방법론적 개인주의 벗어나기. 학습자중심교과교육연구, 20(11), 791-815.
이진희(2020). 예비유아교사의 교육실습 스트레스와 자아탄력성 및 스트레스 대처방식 간의 관계. 한국보육학회지, 20(2), 33-46.
이해선(2020). 영유아교사의 교직윤리의식과 교사효능감이 영유아권리존중 실행에 미치는 영향. 중앙대학교 교육대학원 석사학위논문.
이혜정, 오선영, 김은심(2018). 예비유아교사의 성인지 감수성 인식 연구. 한국열린유아교육학회, 23(2), 169-194.
이희경, 김성수(2000). 유아교사의 역할 Q-set개발 연구. 유아교육학논집, 4(1), 27-54.
임부연, 손연주(2020). 「2019 개정 누리과정」 교육내용과 관련한 유아교사의 역할 탐구: 국가와 유아 '사이 존재자'를 중심으로. 교육혁신연구, 30(3), 127-148.
임승렬(1995). 발달초기교사의 교육신념과 실제에 관한 연구. 덕성여자대학교 논문집, 24, 221-236.
임승렬(2002). 유아교사의 교직 윤리의식에 관한 연구. 한국교원교육연구, 19(1), 157-173.
임승렬, 김연미, 이은정(2014). 영유아교사를 위한 보육교사론. 서울: 파워북.
임영서(2014). 학교현장실습. 경기: 정민사.
임채식, 이경희, 임은숙, 김연희(2013). 유아를 위한 학교현장실습. 서울: 교육아카데미.
전경화, 허윤정, 한남주(2006). 교육실습을 통한 예비유아교사의 교사 효능감 변화 탐색. 유아교육학논집, 10(4), 295-329.
전병춘(2000). 교사 윤리로서 배려의 가치. 전남대학교 교육대학원 석사학위논문.
정남미(2015). 유아교육실습. 경기: 정민사.
정현숙(2017). 2016년 개정 영유아보육법에 기초한 보육실습. 서울: 창지사.
조부경, 김정화(2005). 유아교육실습: 이론과 실제의 통합. 서울: 학지사.
조성연(2012). 유아의 그림을 통해 본 유아교육기관에서 놀이에 대한 이미지와 의미. 한국육아지원학회 2012 춘계학술대회 자료집, 91-96.
조성연, 이정희(2014). 예비유아교사의 교육실습불안에 대한 자기효능감과 교사이미지의 영향. Family and Environment Research, 52(1), 63-73.

조운주(2020). 유아교사의 놀이지원역량 내용개발. 육아지원연구, 15(4), 83-102.

조운주, 손미령(2005). 유아교사양성을 위한 교육실습체제 비교-한국과 미국의 사례를 중심으로. 영유아교육연구, 8, 181-201.

조형숙(2007). 유아교사 교직윤리교육에 관한 소고. 한국교원교육연구, 23(3), 207-226.

최은지, 소진희, 김영미(2021). 놀이중심 교육과정에 기초한 보육실습에 관한 인식과 지원방안요구, 학습자중심교과교육연구 21(13), 745-766.

최진숙(2005). 예비교사의 교육실습 전후 인식비교. 아동학회지, 26(4), 113-122.

편해문(2019). 놀이는 밥! 살아있는 놀이와 놀이터 이야기, 한국보육학회 2019년도 춘계학술대회 자료집, 21-28.

한국보육진흥원(2013). 양성교육기관에서의 보육실습지도. 서울: 한국보육진흥원.

한국보육진흥원(2013). 어린이집에서의 보육실습지도. 서울: 한국보육진흥원.

한국보육진흥원(2017). 어린이집에서의 보육실습지도. 서울: 한국보육진흥원.

현정환(2003). 보육실습이 예비보육교사의 보육효능감에 미치는 영향. 아동학회지, 24(6), 117-131.

홍경섭, 장상옥(2021). 유아놀이중심 관점에서 본 유아교육기관 실외놀이터의 환경실태 및 유아교사의 인식, 학습자중심교과교육연구, 21(5), 181-200.

Fairbanks, C. M., & Merrit, J. (1998). Pre-service teachers' reactions and the role of context in learning to teach. *Teacher Education Quarterly, 25*(3), 47-68.

Glenn, W. J. (2006). Model versus mentor: Defining the necessary qualities of the effective cooperating teacher. *Teacher Education Quarterly, 33*(1), 85-96.

O’Brian, M., Stoner, J., Appel, K., & House, J. J. (2007). The first field experience: Perspectives of preservice and cooperating teacher. *Teacher Education and Special Education, 30*(4), 264-275.

Piagge, F. L. & Marso, R. N. (1990). A longitudinal assessment of the affective impact of preservice training on prospective teachers. *Journal of Experimental Education*, *58*(4), 283-289.

Schon, D. A. (1983). *Reflective practitioner*. New York: Basic Books.

Schwab, K. (2018). 클라우스 슈밥의 제4차 산업혁명(Shaping the fourth industrial revolution). (김민주 · 이엽 역). 서울: 새로운 현재. (원저 2017년).

Skillpath, S. (1997). *Conflict management skills for women*. Mission, KS: Skillpath.

저자소개

김수향

동덕여자대학교 대학원 아동학과(아동학박사)
위덕대학교 유아교육과 교수

손지향

경북대학교 대학원 아동가족학과(이학박사)
대구대학교 유아특수교육과 겸임교수

안지영

University of British Columbia, C&I(유아교육 전공)(철학박사)
위덕대학교 유아교육과 교수

오선영

중앙대학교 대학원 유아교육학과(문학박사)
대원대학교 유아교육과 교수

유은숙

동덕여자대학교 대학원 아동학과(아동학박사)
백석예술대학교 유아교육과 교수

이은진

한국교원대학교 대학원 유아교육과(교육학박사)
계명문화대학교 유아교육과 교수

예비유아교사를 위한
유아교육기관 현장실습의 이론과 실제

초판 1쇄 인쇄 / 2022년 3월 21일
초판 1쇄 발행 / 2022년 3월 25일

공저자 / 김수향 · 손지향 · 안지영
오선영 · 유은숙 · 이은진

발행인 / 이 중 수
발행처 / **동 문 사**

서울특별시 서대문구 홍제원 1길 12
(홍제동 137-8)
Tel: 02)736-3718(대), 736-3710, 3720
Fax: 02)736-3719
등록번호: 1974.04.27 제9-17호
가격: 18,000원

ISBN: 979-11-6328-411-6(93370)
E-mail: dong736@naver.com
www.dongmunsa.com